iPad Working Style Book!!!!

2021

CONTENTS

INTERVIEW ································

80
「Magic KeyboardとiPad Proがあれば、
ほとんどの作業は快適にこなせる!」

くんよつ さん

COVER
model／くんよつ (KUNYOTSU Studio)
Photo／Fumihiko Suzuki(snap!)

iPad
仕事術!

iPadを「最高の仕事ツール」にするための

5つのキーワード

iPadは「どの作業に向いているか?」をイメージしよう

iPadは使用するスタイルやアプリの組み合わせで無限の可能性を秘めているデバイスだ。だがそれだけに、手にした始めのうちはどんなことに活用すべきなのかが見えにくいというのも事実。そこで、仕事における日常的なプロセスを5つのキーワードに分け、それぞれの過程でiPadをどのように活用できるかを考えてみよう。

1 入力
iPadを「最高のデジタル文具」にする

iPadには、Apple Pencilはもちろん、優れたノートやメモ、音声入力といった日常のあらゆる情報を記録するアプリが豊富に揃っている。iPadという名の通り、「デジタルの紙」として活用していこう。

ノート　　　テキストエディタ

2 編集
iPadがあれば、そこはもうオフィス

ノートパソコン並の性能と大きなディスプレイを搭載したiPadは、情報を編集する作業にもとても役に立つ。編集した情報はプロジェクトメンバーと共有することで、さらに仕事を効率的に進めることができる。

表計算　　　クラウド

3 情報収集
ネット上のあらゆる情報を集約させる

iPadをネットに接続すれば、最高の情報収集端末に早変わりする。高機能なブラウザでWebから有益な情報をクリッピングしたり、ニュースサイト、Kindleなどから自分に有益な情報をピックアップして収集できる。

ブラウザ　　電子書籍

4 効率化
無駄な時間とストレスを削ぎ落とす

今までは「そういうもの」と思って行ってきた単純な作業も、アプリを使えば革命的に作業を効率化できることに気がつく。ひとつひとつは小さな時短でも、積み重ねることで大きな利益を生み出すかもしれない。

オンライン会議ツール　Python

5 管理
iPadがあなたの時間をマネジメント

仕事の世界において、時間の管理は必須条件。スケジュールやToDoをiPadで集中管理することで、今取るべき行動、考えるべきことが見えてくる。iPadは優秀で従順なマネージャーとして活躍してくれるだろう。

ファイル　　カレンダー

今、仕事で使える
iPadはこれ!

iPadを仕事で使いこなすには、どのモデルのiPadが自分の環境に最も適したものか
判断する力が必要だ。ここでは、現在発売されているiPadの特徴を解説していこう。

コストパフォーマンス最高!
仕事で使える最新iPad（第8世代）

昨年からOSの名称が「iOS」から「iPadOS」に変更したことからわかるように、iPadはもはや"大きなiPhone"ではなく、完全に独立したまったく新しいデバイスに変化を遂げた。

現在のiPadが目指しているのは、新しいノートPCの確立だろう。iPadOS 13からマウスとトラックパッドに対応、そして2020年の秋にリリースされた

iPadOS 14ではマウス環境がさらに快適になり、よりPCライクになった。Split ViewやSilde Overのようなマルチタスク機能も日々強化されており、PC同様に複数のアプリを効率よく切り替えたり、同時に表示して快適に利用できるよう改善されている。

ただ、iPadOSの機能をフルに活かすにはiPadモデル選びに

慎重になる必要があるだろう。選ぶ上で基準となるのは、自分の仕事にとって役立つモデルかどうかだ。たとえば、iPad最大の長所である手書き機能を優先し、ノートPCのようなタイピング機能が不要な職務であれば、2020年9月18日に発売されたiPad（第8世代）がおすすめだ。

34,800円から購入可能な低価格iPadモデルだが、Apple

Pencil（第一世代）に対応しており、またパワフルなA12 Bionicチップを搭載。メモを取る、PDFの注釈、メールの送受信、オフィスファイルの作成といった作業であれば快適に行える。フロントカメラを搭載しているのでインターネット会議も行える。無理にiPad AiriやiPad Proのような上位モデルに手を出す必要はない。

iPad 第8世代
プロセッサ:A12 Bionicチップ
スピーカー:2スピーカーオーディオ
Apple Pencil:第一世代対応
Keyboard:Smart Keyboard対応
カラー:シルバー、スペースグレイ、ゴールド
価格:34,800円～

キーボードも使えるが
手書きメモが基本という人におすすめ!

最新iPad Air (4世代) に注目!

5色のカラーから選べるiPad唯一のモデル

2020年10月23日、10.9インチのiPad Airの最新モデル（第4世代）が発売された。まず、ほかのiPadモデルと圧倒的に異なるのはカラーバリエーションの多さだろう。iPad Airではシルバー、スペースグレイ、ローズゴールドのこれまでの定番カラーに加え、グリーンとスカイブルーというほかのiPadモデルにはないカラーが用意されている。デザインにこだわる人におすすめのモデルだ。ディスプレイはLiquid Retinaディスプレイを備えている。

ホームボタンを除去したiPad Proのような形状

これまで端末の下部にあったホームボタンが廃止され、全画面ディスプレイ化され、11インチiPad Proとほとんど同じ形状になった。フルスクリーン化されることで今まで以上に情報を表示できる利点はもちろんだが、さらに大きなメリットはiPad Proでしか使えなかった繊細な描写が可能なApple Pencil（第二世代）や、タイピング性の高いSmart Keyboard Folio、さらには2020年に発売されたMagic Keyboardが利用できることだろう。

また、充電口もこれまでのLightningポートからiPad Proと同じUSB-Cポートに変更されている。大電流による急速充電が可能となり、カメラやMacなど他のデバイスとのデータの送受信が高速に行える。Lightningと比較するとそのデータ転送力は以前の10倍とされている。

iPadモデル初登場 電源ボタンにTouch ID搭載 パワフルなA14 Bionicチップ

iPad Airの電源ボタンはiPadモデルでは初となるTouch IDが搭載されており、指紋認証でロックを解除したり、Apple Payの支払いが行える。マスクを欠かすことができなくなった現在、顔の一部が覆われると認証できないFace IDの欠点を補ったものといえるだろう。

プロセッサにはA14 Bionicチップが搭載されているが、これはAppleの今までで最も先進的なチップで大幅にパフォーマンスを向上させる。具体的には4Kビデオの編集や、緻密なグラフィック作品の創作にも耐えうるものとなっている。

5つの美しいデザイン

これまでのiPadシリーズにはまったくなかったグリーンとスカイブルーのカラーが追加され非常に華やかな印象を与える。

プロセッサ:A14 Bionicチップ
スピーカー:2スピーカーオーディオ
Apple Pencil:第二世代対応
Keyboard:Magic Keyboard、Smart Keyboard Folio対応
カラー:シルバー、スペースグレイ、ローズゴールド、グリーン、スカイブルー

iPad Proと同じデザイン

ホームボタンは排除され、Magic KeyboardやSmart Keyboard Folioと接続して利用することが可能に。なお、本体サイドがマグネットになっておりApple Pencilの充電、収納、ペアリングができる。

Touch IDセンターとA14 Bionicチップ

電源ボタンに内蔵された次世代のTouch IDセンサーを備え、A14 Bionicチップにより大幅にパフォーマンスが向上。A14 Bionicチップには118億個のトランジスタが詰め込まれており、パフォーマンスと電力効率が大幅に向上している。

最新AirとiPad Proはどちらが良いのか?

iPad AirはUSB-Cポート搭載のホームボタンをなくしたオールスクリーンの外観、そして利用できるキーボードやApple PencilもiPad Proと同じのため、iPad Proとどちらを買えばよいのか悩んでいる人は多いはずだ。

AirとProで大きく異なる最大のポイントは描画速度だろう。単位時間にディスプレイがどのくらい書き換わったかを示すリフレッシュレートを比較するとiPad Proは120Hzだが、iPad Airはその半分の60Hzに留まる。数字が高ければ高いほど処理速度が高速で、低いほど画面の動きのなめらかさや表示にちらつきが出る。

iPadにおいてこのリフレッシュレートの影響は、特にApple Pencilで細かな作業をしているときに現れる。もし、自身がグラフィックデザインや4K映像の動画編集、3Dモデルのデザインなどの仕事をしていて、ちょっとしたApple Pencilの動作や画面表示が気になるのであれば、上位モデルであるiPad Proモデルを選ぶのが無難だろう。また、iPad ProはiPadモデルの中で唯一の4スピーカーオーディオである点も注意したい。Airはスピーカーの数が2つしかなく音質は明らかに異なる。

また、カメラ環境もProとAirで大きく異なる。Airの背面カメラは背面800万画素だが、Proは背面1,200万画素、さらに1,000万画素超広角カメラを搭載している。

オフィスファイルの作成や編集などノートPCのようなタイピング作業の仕事を中心とするならiPad Airで問題ないだろう。iPad AirはiPad（第8世代）の上位モデルであり、iPad Proの下位モデルでもあると考えよう。

	iPad Pro	iPad Air
発売日	2020年	2020年
インチ	12.9インチ（第4世代）、11インチ（第2世代）	10.9インチ
プロセッサ	A12Z Bionicチップ	A14 Bionic
ディスプレイ	Liquid Retina	Liquid Retina
充電口	USB-C	USB-C
カメラ	背面1,200万画素、1,000万画素超広角カメラ、4Kビデオ撮影	背面800万画素、1080p HDビデオ撮影
スピーカー	4スピーカーオーディオ	2ステレオスピーカー
Apple Pencil	第2世代	第2世代
キーボード	Smart Keyboard Folio、Magic Keyboard	Smart Keyboard Folio、Magic Keyboard
重量	471g(Wi-Fi版) 11インチ 641g(Wi-Fi版) 12.9インチ	458g(Wi-Fi版)
カラー	シルバー、スペースグレイ	シルバー、スペースグレイ、ローズゴールド、グリーン、スカイブルー
価格	84,800円（11インチ、128GB） 104,800円（12.9インチ、128GB）	62,800円（10.9インチ、64GB） 79,800円（10.9インチ、256GB）

iPad Proは12.9インチ（第4世代）と11インチの（第2世代）がある

現在、Apple Storeで販売されているiPad Proの世代とインチに注意したい。2020年3月に発売されたiPad Proは「第4世代12.9インチ」と「第2世代11インチ」がある。プロセッサやカメラなどは共通しているが、画面が大きい12.9インチモデルは重量が641gで11インチモデルやiPad Airと約200g程度も異なってくる。価格は2万円の差がある。

用途で選択する場合、カメラや手書きメモなど短時間の使用が多いのであれば軽くて使いやすい11インチ、同じ場所で据え置きして長時間の作業をするなら画面の大きな12.9インチを選ぶといいだろう。

Touch IDとFace IDの違いにも注意

人が密集する屋外で利用する機会が多いならTouch ID仕様のAirがおすすめ

iPad ProとiPad Airのほかの違いとして、認証機能がある。iPad AirではFace IDを実現するTrueDepthカメラは採用されていない。その代わり電源ボタンにTouch ID機能が追加されている。新型コロナウイルスの流行でマスクを常用することが多くなり、そのため顔が覆われ認識できないトラブルが多発したことへの対処と思われる。人が密接した屋外でiPadを利用する機会が多い人であれば、指紋認証でロック解除が素早くできるiPad Airを選んだほうがよいだろう。Touch IDがわずらわしく感じている人なら顔認証のiPad Proを選択しよう。

Face IDはiPad Pro専用の機能。iPad Air、iPad、iPad miniには搭載されていないので注意しよう。

販売終了したが
iPad ProシリーズならApple Pencilが使える

旧世代iPad Proならば
Apple Pencilと
Smart Keyboardが使える

これまで紹介したiPadのモデル以外でもApple Pencilが利用できるモデルは存在する。現在Apple Storeでは販売終了している旧世代のiPad Proは、どのモデルでもApple Pencilを利用することが可能だ。

2017年6月に発売されたiPad Pro（第2世代）のモデルで、12.9インチと10.5インチモデルが存在する。10.5インチモデルは中古で4万円台と現在販売されている第3世代に比べてかなり低価格でおすすめしたい。ただし、対応しているApple PencilやSmart Keyboardは第1世代のみ。中古ショップや家電量販店で販売されている10.5インチモデルを購入する際は、Apple Pencilの世代を間違わないようにしよう。

2015年11月に発売されたiPad Pro（第1世代）は12.9インチと9.7インチの2つのモデルが存在する。対応しているApple PencilやSmart Keyboardは第1世代のみ。ほぼ中古ショップやオークションでしか手に入らないため値落ちしているが、iPadや旧iPad Air並の性能は持ち合わせており、現在も問題なく使える。

オークションなどで購入できるApple Pencil（第1世代）対応のiPad Pro

	iPad Pro（第2世代）	iPad Pro（第1世代）
発売日	2017年	2015年
プロセッサ	A10X Fusionチップ	A9Xチップ
インチ	10.5インチ、12.9インチ	9.7インチ、12.9インチ
カメラ（背面）	1,200万画素、4Kビデオ撮影	800万画素、1080p HDビデオ撮影
カメラ（全面）	700万画素、1080p HDビデオ撮影	500万画素、720p HDビデオ撮影
スピーカー	4スピーカーオーディオ	4スピーカーオーディオ
カラー	シルバー、スペースグレイ、ゴールド、ローズゴールド	シルバー、スペースグレイ、ゴールド
メモリ容量	64GB　256GB　512GB	32GB　128GB　256GB
Apple Pencil	第1世代のみ対応	第1世代のみ対応
Smart Keyboard	第1世代のみ対応	第1世代のみ対応

iPad10.2インチ（第7世代）もおすすめ

iPad（第8世代）の1つ前のiPad10.2インチ（第7世代）もApple Pencilの第一世代に対応している。プロセッサは第6世代と同じA10Fusionチップでそのほかのスペックもほとんど変わらないが、Smart Keyboardに対応している点がポイントだ。中古ショップでこちらを探すのもいいだろう。2万円台で購入できるならお得といえる。

Google検索で「iPad　第7世代　中古」などで検索すると多数の中古品が検索結果に表示される。

Magic Keyboardを使いたいならProかAirしかない

トラックパッド上で
ジェスチャ操作やマウス操作が
できるのがポイント

iPadの純正アクセサリとして注目されているのが「Magic Keyboard」。2020年に発売されたiPad専用のキーボードで、Smart Keyboardとは異なり、MacBookやMacに付属しているキーボードに近くタイピングしやすいの特徴だ。さらに、キーボード下にトラックパッドが用意されており、ここでジェスチャ操作ができるので画面に手を伸ばす必要がない。また、画面にマウスカーソルが表示され、マウス操作が行える。

ただし、Smart Keyboard Folioと比べると300gも重くずっしりしており、着脱もしづらいため、持ち運びしづらい点に注意しよう。

対応モデル
iPad Air（第4世代）
12.9インチiPad Pro（第3世代と第4世代）
11インチiPad Pro（第1世代と第2世代）

Magic KeyboardはUSB-Cポートも搭載しており、ここからiPadを直接充電できる。

キメ細かい機能向上が魅力のiPadOS 14!

iPadOS 14はおもにiPad全体のインターフェースや操作感の改善に力を入れた仕様となっている。写真、メモなどの標準アプリのほか、Apple Pencil、Siri、ウィジェットなどこれまで使ってきた周辺機器やプログラムの操作を改めて見直すと新しい発見があるだろう。

1

「写真」アプリの整理が特に快適に!

標準アプリの多くにサイドバーが!

写真、ミュージック、カレンダー、メモなど標準アプリのほとんどに再設計されたサイドバーが搭載され、アプリ内の各メニューにアクセスしやすくなった。特に「写真」アプリに追加されたサイドバーは便利。以前のiPadOSでは細かく階層分類され目的のアルバムにアクセスしづらかったが、サイドバーから素早くアクセスできるようになった。

アルバム内の写真を整理する際にもサイドバーは優れている。iPadを横向きにすることでサイドバーを常に表示させることができ、各アルバム内の写真をドラッグ＆ドロップでほかの場所に移動させることが可能だ。複数の写真を選択してまとめて移動することもできる。また、ほかのアプリで表示されている写真を直接特定のアルバムに保存することができる。

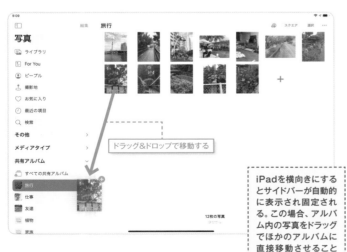

iPadを横向きにするとサイドバーが自動的に表示され固定される。この場合、アルバム内の写真をドラッグでほかのアルバムに直接移動させることができる。

Safariで表示している画像を写真に保存する際、Split Viewを利用すればドラッグ＆ドロップで特定のアルバムに素早く保存できる。

2

手書きでテキスト入力が可能に!

ペン入力を格段に向上させる「スクリブル」

iPadOS 14の目玉ともいえるのがApple Pencilに追加された「スクリブル」だろう。スクリブルとは手書きした文字をテキストデータに自動変換してくれる機能で、Apple Pencilで走り書きした文字列を自動でテキスト変換してくれる。殴り書きしたメモを自動的に整理したり、あとでテキストデータとして活用したいときなどに役立つ。

スクリブル機能はテキスト入力可能な場所であればどこでも利用できる。Safariのアドレスバー上で検索ワードを手書き入力したり、各アプリの検索ボックス上で手書き入力できる。ただし、現在は英語と中国語（簡体字、繁体字）のみの対応で、まだ日本語には対応していないが、今後最も期待される新機能だ。

Apple Pencilでアドレスバーに検索ワードを手書きしてみよう。手書きできる。

手書きした内容は自動的にテキストに変換される。画面下部にスクリブルコントローラーが表示されるので「Go」をタップすると入力が確定する。

スクリブルに利便性を感じるアプリの例として、短い文章でやり取りするチャットアプリやメッセージアプリなどが挙げられる。

各アプリに付属しているアプリ内検索を利用する際もスクリブルを使った素早いキーワード入力に利便性を感じるだろう。

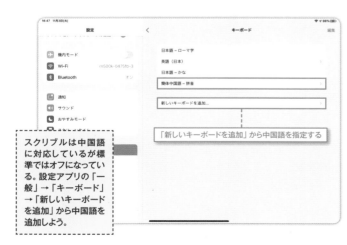

スクリブルは中国語に対応しているが標準ではオフになっている。設定アプリの「一般」→「キーボード」→「新しいキーボードを追加」から中国語を追加しよう。

キーボード追加後、漢字を手書きするときちんとスクリブル機能が働き入力できるはずだ。

※88ページにも関連記事あり

017

3

検索、Siri、通知がコンパクトに！

もうアプリが隠れてしまうことがない！

iPadOS 14では標準アプリだけでなく、検索やSiri、通知画面などさまざまなプログラムのインターフェースが改善され使いやすくなっている。

iPadにインストールされているアプリ内のファイルを横断検索できる検索では、全画面ではなく検索フォームだけをポップアップ表示して利用できるようになっている。なお、名称はSpotlight→ユニバーサル検索に変更されている。

Siriも同じようにこれまでの全画面表示から、画面右下に小さくポップアップ表示されて利用できるようになった。検索結果も全画面ではなく画面右下に小さく表示され、利用中のアプリ画面が隠れてしまうことがない。

FaceTimeおよび電話の着信時の通知画面も全画面から画面上部に小さくバナー表示されるようになり利用中のアプリが隠れてしまうことがなくなった。

Siriを起動してみよう。画面右下に黒い球体が表示されたらSiriに話しかけよう。結果をポップアップで表示してくれる。

FaceTimeの着信があるとバナー表示される。上にスワイプすると着信を拒否できる。

4

メモアプリの機能がアップ

手書き文字もテキスト同様の範囲選択が可能に！

標準アプリの1つ「メモ」アプリがバージョンアップし、さまざまな箇所が改善されている。特に大きいのは手書き文字が、キーボードで入力したテキストと同様にカーソルを使った範囲選択やコピー＆ペースト操作に対応したこと。文字を切り取ったり、コピー＆ペーストする際にこれまで利用してきた投げ縄ツールを使う必要がなくなった。さらに、選択した手書き文字は、コピーしてほかのアプ

リに貼り付けることができる。

また、ジェスチャ操作もテキストと同様のことができ、2回タップすると単語選択、3回タップすると一文を選択できる。

そのほか、手書きで四角や丸や星などの図形を描いた後、画面からペンや指を離さず止めると補正機能が働ききれいな直線や曲線を描けるようになっている。一本線を描くときれいな直線を描けるので、メモの重要事項に下線を引きたいときに役立つだろう。

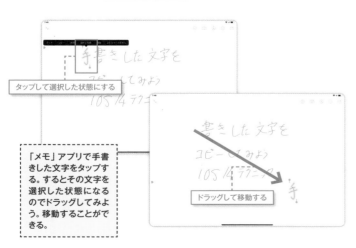

タップして選択した状態にする

「メモ」アプリで手書きした文字をタップする。するとその文字を選択した状態になるのでドラッグしてみよう。移動することができる。

ドラッグして移動する

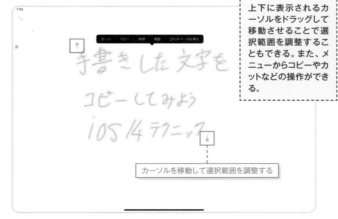

上下に表示されるカーソルをドラッグして移動させることで選択範囲を調整することもできる。また、メニューからコピーやカットなどの操作ができる。

カーソルを移動して選択範囲を調整する

5 デフォルト 起動アプリを指定できる

ブラウザやメールを
自分の好きなアプリに!

iPadOS 14では、デフォルトのブラウザとメールアプリをユーザー自身で変更できるようになった。URLリンクやメールアドレスのリンクをタップしたときに起動するアプリを好きなものに変更することができる。PCでChromeやGmailなどのGoogleサービスをおもに利用しているユーザーはGoogleアプリに変更しておけば、PCとiPadのデータを同期して常に同じ環境にしておける。変更は設定アプリの各アプリの設定画面から行える。

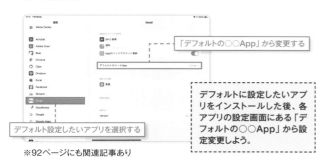

「デフォルトの○○App」から変更する

デフォルト設定したいアプリを選択する

デフォルトに設定したいアプリをインストールした後、各アプリの設定画面にある「デフォルトの○○App」から設定変更しよう。

※92ページにも関連記事あり

6 ウィジェットの仕様が 大幅に変更

アプリアイコンのように
扱える!

画面左端から右へスワイプしたときに表示されるウィジェットのデザインが一新された。ホーム画面のアプリアイコンと同じようにドラッグで自由に位置を変更したり、長押しメニューで各ウィジェットの設定を変更できる。

また「スタック」と呼ばれる整理機能が追加され、複数のウィジェットを1つにまとめることが可能になった。上下スワイプでスタック内のウィジェット表示を切り替えることができる。スマートスタックを有効にすれば、時間やアプリの使用頻度に応じて、ウィジェットを自動で切り替え表示してくれる。

ドラッグして位置を変更する

長押しでメニューを表示する

ウィジェットを長押しするとメニュー画面が表示され、アプリアイコンと同じようにウィジェットの削除やスタック内の並び順を変更できる。

※98ページにも関連記事あり

7 写真や動画に キャプションを追加できる

ファイルの検索精度が
格段に向上!

「写真」アプリに保存している写真や動画に対してキーワード検索用のキャプションを付けることが可能となった。これまではアプリ側が独自に各ファイルに対して検索キーワードを付けていたため検索精度は低かったが、自身で付けることで正確な検索結果が出るようになる。特に文字数制限はなく複数の検索ワードはもちろんのこと、長文のテキストを入力することもできる。なお、付けたキャプションはiCloudを通じてiPhoneやMacなどで同期しているファイルにも反映される。

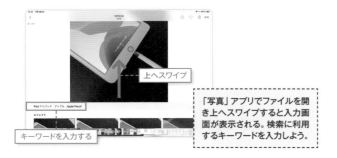

上へスワイプ

キーワードを入力する

「写真」アプリでファイルを開き上へスワイプすると入力画面が表示される。検索に利用するキーワードを入力しよう。

8 マウス操作が さらに快適になった

よりPCライクな
マウス感に!

iPadOS 13から追加されたマウス操作がさらに使いやすく改良された。以前は「設定」画面の「アクセシビリティ」で「AssistiveTouch」を有効にする必要があったが、iPadOS 14ではBluetoothやUSB-Cポート経由でマウスを接続すれば自動でマウスカーソルが現れ利用できる。マウスカーソルも小型化されクリックしやすくなり、ダブルクリック時の操作や右クリックメニューもよりPCライクになっている。

右ボタンをクリックして長押しメニューを表示させる

マウスの右ボタンをクリックすると、長押ししたときに表示されるメニューが表示される。なお、マウスの左ボタンを長押ししても同じ操作ができる。

本書の使い方

アプリの入手方法について

本書で紹介しているアプリにはiPadに標準で入っているアプリと、App Storeで扱っているアプリの2種類があります。App StoreのアプリはApp Storeアプリでカテゴリから探すか、iPad標準のカメラアプリを利用して誌面のQRコードを読み取り、インストールしてください。

作者／TAWASHI KAMEMUSHI
価格／490円

片手キーボードPRO

誌面のアプリ紹介部分のQRコードをリーダーで読み取ろう。

標準のカメラアプリでQRコードを範囲に入れるとこの表示が出るのでタップする。

「App Storeで開きますか?」ときかれるので「開く」をタップしよう(きかれない場合もある)。

該当のApp Storeが開くのでアプリを入手しよう。

もっと基本的なことを知りたい場合は

本書は、ある程度iPadを使った経験がある人に向けて編集していますので、スペースの都合上、iPadの基本的な情報は網羅できておりません。iPadの扱い方の基本は、Appleのサポートサイトで無料で閲覧できる「iPadユーザーガイド」を読むのがオススメです。サイトにアクセスすると、何種類かのユーザーガイドが表示されますが、「iPadユーザーガイド(iOS 14 ソフトウェア用)」を選びましょう。

Apple製品別マニュアルサイト
https://support.apple.com/ja_JP/manuals/ipad

上記サイトにアクセスしよう。iPad以外の製品の解説書も読むことができる。

iPadの基本的な使い方がわかりやすくまとめられている。

WARNING!!

本書掲載の情報は、2020年11月10日現在のものであり、各種機能や操作方法、価格や仕様、WebサイトのURLなどは変更される可能性があります。本書の内容はそれぞれ検証した上で掲載していますが、すべての機種、環境での動作を保証するものではありません。以上の内容をあらかじめご了承の上、すべて自己責任でご利用ください。

Chapter 1

入力

I N P U T

特集!!
特選手書きノート・フル活用ガイド 5

こんな
用途に
便利！

ホームボタンのないiPad Proユーザー

ジェスチャ操作でホームボタン同様の操作ができるようになる

効率的にアプリ操作をしたいユーザー

ジェスチャ操作でアプリの切り替えが素早く行える

効率的にファイル移動をしたいユーザー

ジェスチャ操作でファイル操作も素早く行える

増えすぎたiPadのジェスチャ操作を再確認しておこう

**iPad Proユーザーなら
ホームボタン廃止後に増えた
ジェスチャ操作に注目しよう**

iOSのバージョンがアップするたびに、画面を呼び出すジェスチャ機能は改良されているが、多くのユーザーはどんなジェスチャ操作が追加されたか知らないまま使い続けているはずだ。そこで、一度現在のiPadの

ジェスチャ操作を再確認しよう。特にホームボタンがないProや最新のAirユーザーはジェスチャ操作を知っておかないと目的の機能をうまく呼び出せない。

現在のiOSのジェスチャ操作は、ホームボタンを取り除いたiPad ProやiPhone Xシリーズに対応した仕様となっている。ホームボタン廃止後に代表的な

ジェスチャとなったのは画面下から上方向にフリックすると実行される「ホーム画面に戻る」操作だろう。また、ホームボタンを2回押せばAppスイッチャーが起動したが、ホームボタンのないiPad Proでは画面下から上方向に指を離さずゆっくりスワイプするとAppスイッチャーが起動する。この操作は標準iPad

でも利用することが可能だ。

ほかにも、バージョンがアップするたびに増えたジェスチャ操作はたくさんある。画面下から虹を描くようにジェスチャ操作をすると「前に使っていたアプリに戻る、進む」が行える。2つのアプリを同時に利用しているときは素早くアプリの切り替えができるだろう。

新しくなったiPadの基本ジェスチャを確認しよう

1 画面下から上にスワイプしてホーム画面に戻る

画面下から上へフリック

ホーム画面に戻るには、画面下から上へ弾くようにフリックしよう。ホームボタンのない新しいiPad Proや最新のAirでは必須の操作となる。

2 画面下から上へスワイプして中ほどで止める

画面下から上へスワイプして中ほどで止める

画面下から上へ指をゆっくりスワイプして画面中央あたりで止めるとAppスイッチャーが表示される。

3 コントロールセンターを表示させる

画面右上端から下へフリック、またはスワイプ

コントロールセンターを表示させるには、画面右上端から下へフリック、またはスワイプしよう。

4 1つ前に使ったアプリに戻る

左から右にスワイプ。ホームボタンのあるモデルなら画面下からわずかに弧を描くようにすると上手くいく。

画面下端を左から右へスワイプすると1つ前に使ったアプリが表示される。バックグラウンドで起動した状態になっていれば、さらに前のアプリを表示させることができる。

5 1つ前に使ったアプリに進む

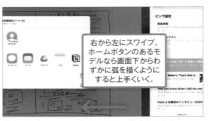

右から左にスワイプ。ホームボタンのあるモデルなら画面下からわずかに弧を描くようにすると上手くいく。

「戻る」ジェスチャのあと、画面下端を右から左へスワイプすると前のアプリに進む。ブラウザやアプリ操作の「戻る」「進む」と同じだ。

6 アプリ表示中にDockを表示させる

画面下から上へ少しスワイプする

アプリ画面起動中に画面下から上へ少しスワイプするとDockを表示できる。上にスワイプしすぎるとAppスイッチャーが起動してしまうので注意。

Slide Over利用時に知っておくと便利なワザ

Slide Overを解除せずにほかのアプリを起動する

iPadにはSlide Overというマルチタスク機能が搭載されている。2つのアプリを同時に表示して利用できる便利な機能だ。ただ、利用しているときに気になる問題として、ホーム画面に戻る操作をすると、Slide Overが消えてしまうことがある。消えたアプリはAppスイッチャーを表示させても表示されない。しかし、実際は画面外へ隠れているだけで、画面端から内側へスワイプすれば引き出すことができる。知らないと何度もSlide Overを立ち上げてしまうので注意しよう。

なお、Slide Overを表示させたままホーム画面に戻り、ほかのアプリを起動することもできる。その場合の操作も覚えておこう。

1 ホーム画面に戻り、ほかのアプリを起動後、通常は右端から左へスワイプすると隠れたSlide Overが表示される。

画面端から内側へスワイプ

2 Slider Overを解除せずにホーム画面に戻りたい場合は、まずSlide Overのつまみを下のほうへスライドしていこう。

下へスライドする

3 アプリがアプリアイコンに変更したらつまみを離さない状態でホーム画面に戻り、ほかのアプリを起動する。

ほかのアプリを起動する / つまみを離さないままにする / 下から上へスワイプしてホーム画面に戻る

4 すると、Slide Overを解除させず、起動した状態でほかのアプリが起動できる。

5 また、Split View起動中にDockから別のアプリをドラッグし、アプリアイコンに変更する状態にする。

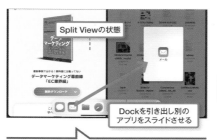

Split Viewの状態 / Dockを引き出し別のアプリをスライドさせる

6 つまみを離さない状態でホーム画面に戻り、ほかのアプリを起動しよう。この場合、Split Viewは解除されないまま別の2つのアプリを起動できる。

ほかのアプリを起動する / 離さないままにする / 下から上へスワイプしてホーム画面に戻る

「写真」や「ファイル」アプリで使うと便利なジェスチャ

複数のファイルをまとめて素早く移動する

「写真」や「ファイル」内に保存されているファイルをほかのアプリにコピーする場合、覚えておくと便利なのが次のテクニック。ファイルを長押して浮かした状態にしたままホーム画面に戻るとファイルが消えず、ほかのアプリにコピーすることが可能。あまり知られていない方法だが、知っておくと効率的にファイル移動ができるだろう。

1 ファイルを長押しして浮かした状態にする

ファイルを長押しして浮かせた状態にする

移動したいファイルを選択、長押しして浮かせた状態にしよう。複数のファイルを選択することもできる。

2 ホーム画面に戻りほかのアプリにコピーする

ほかのアプリを起動する / 下から上へスワイプしてホーム画面に戻る / ほかのアプリにペーストする

画面下から上へスワイプしてホーム画面に戻る。すると選択したファイルが残ったままになる。ほかのアプリを起動してペーストしよう。

入力
INPUT

こんな用途に便利！

キーボード入力環境を快適にしたい
フローティングキーボードで片手入力ができる

効率的にテキスト編集をしたい
新しいタップ操作やジェスチャ操作をマスターしよう

物理キーボードの入力を効率化する
膨大に追加されたキーボードショートカットを使いこなそう

キーボード入力やテキスト操作を完璧にマスターしよう

iPadで片手入力を可能にするフローティングキーボード

iPadで文字入力するには画面を直接指でタッチするオンスクリーンキーボードを使うのが一般的だが、画面が大きいこともありスマホに比べ使いづらいものだった。しかし、iPadOSではiPadでの入力操作がかなり改良されている。

便利な「フローティングキーボード」を有効にするとキーボードがスマホサイズに変化し、片方の指だけで楽々と文字入力することが可能だ。フローティングキーボードは自由に動かせるので利き手の使いやすい位置に置こう。特にスマホのフリック操作に慣れている人にとって便利に感じるだろう。小さくなった分アプリを表示するスペースも広がる。

フローティングキーボードとは別に分割キーボードモードというもの存在している。有効にするとキーボードが左右に分割され、画面右側にフリックキーボード、画面左側に変換候補が表示され、ゲームのコントローラーのように文字入力ができるようになる。また、分割キーボードは自由に高さを調整することができる。ただし、分割キーボードはiPad Proでは利用できない。

フローティングキーボード

上下左右斜めに自由に動かして好きな位置に設定できる

iPadOSから追加された新しいキーボード。iPhoneのように文字入力が片手でできる。文字入力以外の箇所も広く閲覧できるようになる。軽い小型のiPadユーザーにおすすめ。

分割キーボード

上下のみ移動できる

iPadOS以前から搭載されていた機能でキーボードを左右に分割し、QWERTY形式のほか、片手で文字入力、左側で変換候補を選択する形式も可能。片手操作は困難な大型iPadユーザーにおすすめ。

両方とも位置を自由な場所に移動できる

自由に移動できる

フローティングキーボード、分割キーボードともに位置を自由に変更できる。ただし分割キーボードの場合は上下移動のみ。

フローティングキーボードや分割キーボードを使ってみよう

1 フローティングキーボードを有効にする

フローティングキーボードを有効にするにはキーボード上でピンチイン。するとスマホサイズのキーボードに変更する。ピンチアウトで元のキーボードに戻る。

ピンチイン

2 好きな場所にキーボードを移動する

フローティングキーボードの下にあるつまみをドラッグして、画面の好きな場所に移動できる。上下左右斜めなど、あらゆる方向に移動できる。

つまみをドラッグして移動

3 テンキーに変更してフリック入力を行う

スマホのフリック入力に慣れている人なら、QuickTypeキーボードからテンキーに切り替えよう。ボタンを上下左右にフリックして素早く入力できる。

フリック入力ができる

テキストの選択・コピペの ジェスチャを覚えよう

iPadOSではテキストの範囲選択やコピー、ペーストといった編集操作も簡単だ。これまでテキストを編集するにはカーソルを指で直接移動させて範囲選択で指定したあと、タップして表示されるメニューからコピーとペースト操作を選択する必要があった。現在のテキスト編集機能ではこれら多くの編集操作がタップジェスチャだけでできる。また、テキスト上を指でタップすると、まとまりのある範囲選択ができる。これらのジェスチャを覚えておけば劇的にテキスト編集作業が楽になるだろう。

カーソル自体も改良され使いやすくなっている。カーソル部分を長押しするとマウス操作のように自由に移動できるようになった。

1
テキスト群を1度タップすると通常のカーソルが表示されるが、2度連続タップすると単語を範囲選択した状態になる。

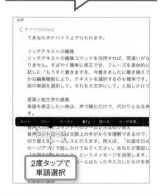

2度タップで単語選択

2
テキストを3度タップするとタップした箇所の一段落分が範囲選択される。

3度タップで一段落を選択

3
範囲選択しない状態で3本指でピンチインすると画面上部に「戻る」「進む」などのメニューが表示される。

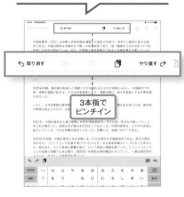

3本指でピンチイン

4
文字列を範囲選択したあと3本指でピンチインするとコピーできる。

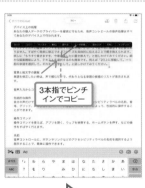

3本指でピンチインでコピー

5
ペーストしたい箇所にカーソルをあて、3本指でピンチアウトするとコピーした内容をペーストできる。

3本指でピンチアウトでペースト

6
3本指で右から左へスワイプすると1つ前の操作を「取り消す」ことができる。

3本指で左へスワイプして取り消し

ここがポイント

新しくなったキーボード ショートカット

スマートキーボードなどの物理キーボードを使っているユーザーは、iPad OS 13から追加されたショートカット機能の拡充も知っておこう。特にSafariに関するショートカットは20以上追加されている。物理キーボード上の「command」キーを長押しすることで、現在アクティブなアプリのショートカットを一覧表示できる。30ページからの記事でも詳しく紹介している。

「command」キーを長押ししてショートカットを確認

---

4 分割キーボードを 有効にする

分割キーボードを有効にするには、右下のキーボードボタンを長押しして「分割」をタップする。キーボード上で左右にスワイプしても分割できる。

長押しして「分割」をタップ

5 分割キーボードを 利用する

キーボードが左右に分割される。日本語テンキーの場合は右側で文字入力をすると左側に変換候補が表示される。

変換候補を選択する

テンキー入力操作ができる

6 キーボードを上下に 移動させる

分割キーボードは上下のみスライド移動させることができる。分割を解除する場合はキーボードボタンを長押しして「固定して分割解除」をタップしよう。

「固定して分割解除」でキーボードを元に戻す

上下にスライドする

入力
INPUT

こんな
用途に
便利！

Google製入力アプリが使える
予測変換精度が高く思い通りの入力ができる

Googleサービスが利用できる
キーボード上で直接Google検索や店舗検索などGoogleサービスが利用できる

カスタマイズ性が高い
キーボードの入力設定や背景、言語の設定が細かく行える

Google日本語入力アプリのiOS版「Gboard」を上手く利用しよう

キーボード上から直接Googleの各種サービスを利用できる

iPad標準のスクリーンキーボード（※）が使いづらいという人は、Googleが提供している入力アプリ「Gboard」を試してみよう。

「Gboard」はGoogleがモバイル機器向けに開発した高機能なキーボードアプリ。最大のメリットは予測変換精度の高さ。流行語、固有名詞、人名を入力しても思い通りの変換候補を表示してくれる。もともとiPhone向けに開発されたものだが

作者／Google LLC
価格／無料

Gboard - Google キーボード

（※）……Gboardはソフトウェアキーボード専用なので、スマートキーボードなど、外付けのキーボードでは利用できない。

iPadにも対応しており、快適に利用することができる。

文字入力以外にも標準キーボードにはない多彩な機能を搭載しているのも特徴だ。キーボード内にGoogle検索機能が組み込まれており、キーボードから直接Google検索が利用できるため、アプリを切り替える必要がない。通常のウェブ検索のほか、近くのお店やレストラン、動画や画像、天気予報、ニュース記事、スポーツの結果などを検索することも可能だ。

なお、標準設定ではテンキー入力になっているが、Gboardの設定画面からパソコン用キーボードのQWERTYに変更できる。iPad ProユーザーならQWERTYに変更すると使いやすくなるだろう。

Gboardの初期設定を行おう

Gboardを初めて起動すると自動的にiPadの設定画面に移動する。「キーボード」をタップする。

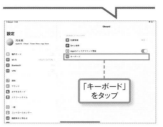

「キーボード」
をタップ

地球儀ボタンを長押しして
「Gboard」をタップ

設定アプリを閉じてGbaordに戻る。キーボードが表示されるので地球儀ボタンを長押しして「Gboard」をタップ。

「Gboard」のスイッチを有効にする。するとフルアクセス許可メニューが表示されるので、これも有効にしよう。

「Gboard」と「フルアクセスを
許可」のスイッチを有効にする

「日本語」を
タップ

「QWERTY」に
チェックを入れる

「キーボードの設定」をタップして「日本語」をタップ。画面の大きなiPadユーザーの場合、PC用キーボードの「QWERTY」にチェックを入れよう。

Gboardの基本の使い方をマスターしよう

1 日本語入力と英文字入力を切り替える

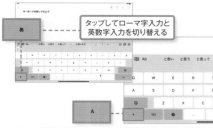

タップしてローマ字入力と
英数字入力を切り替える

ローマ字による日本語入力と英数字入力を切り替えるには、左下端のキーをタップしよう。

2 絵文字やGIFを利用する

絵文字を利用する場合は、絵文字キーをタップ。絵文字キーに切り替わる。通常の絵文字のほかGIF動画やステッカーを利用することもできる。

3 キーボード上からGoogleを利用する

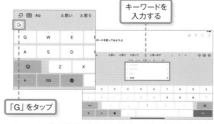

キーワードを
入力する

「G」をタップ

Google検索を利用するにはキーボード左上にある「G」をタップする。Googleの検索画面が表示されるので、キーワードを入力しよう。

Gboardの設定をカスタマイズして使いやすくする

　Gboardアプリを起動すると表示される画面にはさまざまな設定メニューが用意されている。よりキーボードを使いやすくしたい場合は、メニューから「キーボードの設定」を開こう。CapsLockの有効設定や頭文字の自動大文字変換といった基本的なキーボード設定のオン・オフが行える。また、音声入力機能や絵文字機能を使わない場合はこの画面で設定をオフにすることが可能だ。

　標準では英語と日本語のキーボードがインストールされているが、「言語」からさまざまな言語キーボードを選択して、ダウンロードできる。ただし、Gboardで同時に利用できる言語は3つまでとなっている。

　「テーマ」ではキーボードの壁紙を変更することができる。あらかじめ用意されている写真に変更するだけでなく、自分の好きな写真をキーボードの壁紙に設定することも可能だ。

余計な機能はオフにする

Gboardアプリを起動したら、左メニューから「キーボードの設定」を開く。ここで、キーボードを使いやすくするためのさまざまな設定ができる。余計な機能はオフにしよう。

「キーボードの設定」をタップ

「言語」をタップ

「言語を追加」をタップ

言語を選択する

ほかの国の言語を追加する場合は、左メニューから「言語」を選択。「言語を追加」をタップして利用する言語をダウンロードしよう。

テーマの選択

左メニューの「テーマ」ではキーボードの壁紙を変更することができる。カスタムからカメラロールに保存している写真を追加して設定することもできる。

1 2
3 4

有効にする

有効にしたステッカーが利用できる

「ステッカー」では絵文字キーボードで利用するステッカーのオン・オフ設定ができる。利用するステッカーのハートマークを有効にしよう。

ここがポイント
グライド入力とは？

　Gboardアプリの「キーボードの設定」メニューに「グライド入力」という項目がある。グライド入力とは、キーボードのキーをタップして入力するのではなく、目的のキーをスライドしてなぞるように入力する方法だ。残念ながら現在のところ日本語キーボードには対応していないが、入力を体験したい場合は英語版キーボードをダウンロードし、設定を有効にしよう。キーをスライドすると軌跡アニメーションが表示されるとともに快適に文字入力が行える。

キーをスライドさせると軌跡が表示される

---

4 検索結果が表示される

タップしてページを表示する

検索結果が表示される。左右にスワイプしてページを切り替えることができる。右下のアイコンをタップするとブラウザが起動して、ページを表示することができる。

5 テキストエディタにページ内容をメモする

サイトの情報が入力される

タップ

検索結果画面でタイトルや写真をタップするとそのページのURLがコピーされ、同時にテキスト入力アプリにそのサイトの情報が自動入力される。

6 フリック入力も普通に使える

もちろん、フリック入力も普通に使える！

設定の「言語」→「日本語」で「12キー（フリック入力のみ）」を選べば、フリック入力もできる。文字間隔が広いが問題なく使える

入力
INPUT

片手でキーボード操作ができる

フリック入力に慣れている人に最適

両手で効率的にキーボード操作ができる

画面の大きなiPadを操作するときに便利

カスタマイズ性のあるキーボード環境が作れる

独自のキー設定でiPadを使いやすくできる

ひと味違うキーボードアプリを試してみる!

カスタマイズ項目が膨大にありかなり自分好みの設定にできる

　フリック入力を使っていたため、iPadのキーボード入力に慣れない人は、フローティングキーボードに変更すればよいが、さらに片手操作の使い勝手をよくするなら「片手キーボード」を使おう。

　片手キーボードは、iPadやiPad Proでフリックを入力できるようにしてくれるアプリ。片手でフリック入力ができる。Google日本語入力のオープンソース版「MOZC」を採用して

いるので変換精度が高い。カスタマイズ性が非常に高く、キーボード表示領域内であれば、自由に動かして好みの場所に配置できる。また、キーボードサイズを変更することができ、自分の手の大きさに合わせたキーボードが作れる。高度なカスタマイズ設定では、定型文やマイ顔文字を追加する項目が用意されている。ほかに、キーボードを好きな配色に変更することも可能だ。

　メインで利用するキーボードのほかに、サブキーボードが用意されている。キーボードの下部に表示されるエリアで、好きな記号を30個登録することができる。よく使う記号や単語などを登録しておくといいだろう。

作者／TAWASHI KAMEMUSHI
価格／490円

片手キーボードPRO

片手キーボードPROをインストールする

片手キーボードをインストールしたら、設定画面から「一般」→「キーボード」と進み「新しいキーボードを追加」をタップ。

「新しいキーボードを追加」をタップ

「フルアクセスを許可」を許可にする

フルアクセスを許可を有効にする。許可するか聞かれるので「許可」をタップする。

「新しいキーボードを追加」画面にある「片手キーPRO」をタップする。元の画面に戻ると追加されているのでタップする。

「片手キーPRO」をタップ

1 2
3 4

「片手キーPRO」を選択

地球ボタンを長押し

キーボードを起動して地球ボタンを長押しして「片手キーPRO」を選択すると片手キーPRO画面が表示される。

片手キーPROをカスタマイズしよう

1 サイズを調節する

青い枠を調節する

タップ

片手キーのキーボードに切り替えたらまずはサイズ調節をしよう。サイズ調節ボタンをタップしてキーボード四隅に表示される青い枠をドラッグして調節する。

2 日本語かな入力に切り替える

タップ

標準ではローマ字入力になっている。そのままでもよいが日本語かな入力に切り替えれば、フリック入力が可能となる。左から2番目のボタンをタップしよう。

3 デザインを変更する

ペンアイコンをタップ

カラーを選択

デザインを変更することもできる。右から2番目のペンボタンをタップするとパレットが表示される。カラーを選択しよう。

キーボードを分割して両手でキーを打つ

12.9インチなどサイズの大きなiPadモデルを利用している場合、重くて片手でフリック入力するのは難しい。そんなときは「HAYATE」を使おう。HAYATEは両手でiPadを支えながらフリック入力ができるように設計されたキーボード。起動すると画面の両端に2つのフリック入力キーボードが表示され、ゲームのコントローラーを使うかのように文字入力をすることが可能だ。また、以前iPad Proにもあった分割キーボード機能を使いたい人にもおすすめだ。オプションも豊富で、よく利用するフレーズや文章を定例文として登録したり、ダークモードの設定が行え、効率的に濁点を入力できる機能などが用意されている。

作者／hida hitoshi
価格／無料
カテゴリ／ユーティリティ

HAYATE

28ページのキーボード設定でHAYATEを追加したら起動しよう。このように画面両端に2つのフリックキーボードが表示され、操作できる。

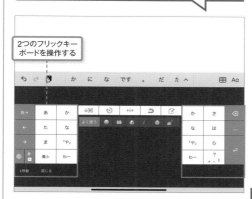

2つのフリックキーボードを操作する

「定例文」をタップ

定例文の設定も行える。設定画面下部のメニューで「定例文」をタップして、よく利用する定例文を追加しよう。

ホーム画面にあるHAYATEのアイコンをタップすると設定画面が現れる。キーの設定や濁音の設定、ダークモードの設定などが行える。

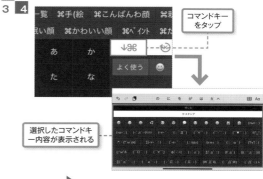

コマンドキーをタップ

選択したコマンドキー内容が表示される

絵文字や各種コマンドを呼び出すには、コマンドキーをタップ。上部に表示されるメニューから適当なものを選択しよう。

ここがポイント

文字を範囲選択したときのメニューにも注目

HAYATE利用中にテキストを範囲選択するとキーボードの中央のメニューが変化する。このメニューから範囲選択中のテキストを定例文として追加したり、内蔵のテキストエディタを起動して保存することが可能だ。

範囲選択する

メニューが変化する

テキストを範囲選択するとメニューが変化する。

定例文をタップすると定例文に追加できる。

---

4 サブキーボードの設定をする

単語を登録する

有効にする

サブキーボードの設定は片手キーボードの設定画面から行う。「サブキーボードを表示」を有効にして、「サブキーボードを編集」に単語を登録していこう。

5 サブキーボードを表示する

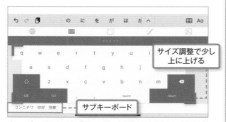

サイズ調整で少し上に上げる

サブキーボード

キーボード下にサブキーボードが表示される。表示されない場合は、サイズ調整で青枠を少し上にドラッグしよう。隠れているサブキーボードが表示される。

6 フローティングキーボードにも対応

なお、片手キーボードはiPad標準のキーボードのフローティングキーボード（24ページ参照）にも対応している。併用すればさらに使いやすくなるだろう。

入力
INPUT

こんな用途に便利！

テキスト入力が効率化する
外付けキーボードの利用でテキスト入力がより快適になる

iPadのディスプレイを保護できる
純正キーボードカバーなら機能性と保護性アップでiPadが完全体になる

アプリ切り替えがすばやくできる
さまざまなキーボードショートカットをマスターして作業効率アップ

Smart Keyboard、Magic Keyboardを完璧に使いこなすには？

iPadを「完全体」にする、純正キーボードのススメ

iPadを使う上で、重要な周辺機器の1つが外付けキーボードだ。外付けキーボードがあれば、iPadでもパソコンと同様に快適なテキスト入力が可能になり、作業の効率は劇的にアップするだろう。iPadはすべてのシリーズにBluetoothが搭載されているため、同規格に対応するさまざまな外付けキーボードをワイヤレスで利用できるが、やはり第1候補として挙げたいのは、Apple純正の「Smart Keyboard」だ。

Smart Keyboardは、iPad ProシリーズとiPadシリーズのSmart Connectorを介して接続するキーボードで、電力はiPad本体から給電されるため、バッテリー切れの心配がない。その上、本体のディスプレイカバー（iPad Pro 2018年以降のモデル用のSmart Keyboard Folioでは本体全面を覆うカバー）になってスマートに持ち運べるのは、純正アクセサリならではのメリットだ。打鍵感も上質で、キー配列にこだわりのある人向けに、JIS（日本語）配列とUS（英語）配列をはじめとした各国語版が同価格でラインナップされているのもうれしいポイントだ。

Apple純正だけに価格が高価な点と、本体サイズに合わせているためややキー間の幅が狭いのはデメリットだが、テキストを入力する機会が多い人、iPadをパソコン代わりに使いこなしたい人にとっては必須のアクセサリと言えるだろう。

圧倒的な一体感が心地よい！

外付けキーボードの中でも、iPadとの一体感と使い勝手のよさが際立つ、純正のSmart Keyboard。価格は16,800円（税別）からとやや高価だが、それだけの価値があることは間違いない。

ディスプレイが広く感じられる！

Smart Keyboardをはじめとする外付けキーボードの利用中は、テキスト入力時もソフトウェアキーボードが表示されないので、iPadのディスプレイにより多くの情報を表示できる点も大きなメリットだ。

テキスト入力をより快適にするための設定をする

1 「設定」の「キーボード」を表示する

ホーム画面で「設定」をタップして、「一般」→「キーボード」→「ユーザ辞書」とタップする。

「設定」を起動する

❷「キーボード」をタップ

❶「一般」をタップ

❸「ユーザ辞書」をタップ

2 ユーザ辞書が表示される

「＋」をタップして、「単語」に省入力したいフレーズを、「よみ」にその読みをひらがなで入力して、「保存」をタップする。変換しづらい人名や地名などを登録してもいい。

「＋」をタップ

フレーズと読みを入力する

「保存」をタップ

3 長いフレーズも省入力できる

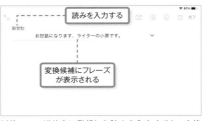

読みを入力する

変換候補にフレーズが表示される

以降、ユーザ辞書に登録した読みを入力すると、変換候補にセットで登録したフレーズが表示され、少ないキータイプで入力できるようになる。

Magic Keyboardを使えば、さらにPCのようにiPadを使える!

Smart Keyboradを使えば多くのショートカットが利用でき、効率的なテキスト入力が可能だが、Magic Keyboard（iPad Proと最新のAirのみに対応）を使うとトラックパッドが使えるので、さらに多彩な操作を画面に触れずに行える。

一部だけでも挙げておくと、3本指を使った操作が便利で、「3本指で下から上にスワイプ」でホーム画面に戻ることができ、また、その途中でホールドするとAppスイッチャーを表示できる。また「3本指で左右にスワイプ」でアプリの切り替えができる。ほかにも多くのジェスチャが可能だ。

3本指で下から上にスワイプ

上にスワイプ

途中でホールド

3本指で下から上にスワイプすれば、ホーム画面に戻ることができ、途中で止めるとAppスイッチャーを表示できる。

3本指で左右にスライド

左右にスライド

3本指で左右にスライドさせればアプリの切り替えができる。Split ViewやSlide Over上のアプリの切り替えも可能だ。

価格が、31,800円（税別）と高く、重量も600gと悩ましいが、Magic Keyboardのトラックパッドは、極力画面を触らずにすむようにデザインされているので、とてもPCライクに作業を進めていくことができる。Split View、Slide Overでの細かい操作も格段にスマートに行えるだろう。

---

4 言語切り替えを有効にする

「設定」の画面で「一般」→「キーボード」→「ハードウェアキーボード」をタップ

ホーム画面で「設定」をタップして、「一般」→「キーボード」→「ハードウェアキーボード」をタップする。「ハードウェアキーボード」は、外付けキーボード接続中のみ表示される。

5 言語の切り替えをオンにする

タップしてオンにする

「Caps Lockを使用して言語を切り替え」のスイッチをタップしてオンにする。

6 かんたんに入力言語が切り替えられる

以降、Caps Lockキーを押すと、「日本語ローマ字」「English（Japan）」を交互に切り替えられる。地球儀キーを押す場合と違い、外付けキーボードで使えない入力方法をスキップできる点が便利。

コマンドキー長押しでも表示されないショートカットキーに注意しよう

各アプリケーションで利用できる専用のショートカットを調べるには、commandキー（表記はcmd）を長押しすることで表示させることができる。しかし、このときに表示されるショートカットキーはごく一部で、全てが表示されているわけではないことに注意したい。commandキーを長押しすると表示される内容は、カーソル選択している場所によっても変化する。

「メモ」アプリを例にとれば、メモリスト選択時に上下のカーソルキーを押せば、メモを素早く移動させることができる。また、メモリスト選択時に左カーソルキーを押せば、フォルダ画面に移動し、フォルダ画面で右カーソルキーを押せばメモリストに移動する。

メモリスト選択時とメモ本文画面選択時にcommandキーを長押ししたときの内容は全く異なるものとなる。

左カーソルキーでフォルダ画面に

「メモ」アプリのメモリストを選択した状態で上下カーソルキーを押すとメモの切り替えが素早く行える。左カーソルを押すとフォルダ画面に移動する。

メモリストからメモ本文へ移動するには右カーソルキーを押す。メモ本文からメモリストに戻る場合は左カーソルキーではなく、commandキー＋returnキーを押す。

メモリストを選択した状態で上下カーソルキーを押す

右カーソルキーで本文へ移動

本文からメモリストへ戻る場合はcommandキー＋returnキー

1 **2**
3 **4**

カーソルを置いている位置によってcommandキーを長押ししたときに表示されるショートカットメニューが変化する。メモ本文にカーソルを当てているときにメニューを表示するとインデント、表作成などのショートカットキーが表示される。

Safariやほかのアプリでも同様に、カーソル選択位置や開いている場所によって、commandキーを長押ししたときに表示されるショートカットメニューが変化する。

ここがポイント

Smart Keyboard使用時にApple Pencilを使うには？

Smart Keyboard利用時はiPadの角度が高くなるため、Apple Pencilを使った手書き作業はしづらい。かといって、毎回キーボードを取り外すのは面倒だ。そんなときはSmart Keyboardを逆さまに置き直してみよう。キーボードを付けたままiPadの角度をかなり低くでき、手書き作業がしやすくなる。

キーボードを逆さまにする

キーボードで使えないと困るショートカットテクニック

1 ファイルを新規作成する

メモや各種テキストアプリなどでファイルの新規作成を行うにはcommandキー＋Nキーを押す。

command
キー＋N

2 コンテンツを全選択してコピーする

ウェブサイトからテキストをコピー＆ペーストするときは、commandキー＋Aキーで全選択、続いてcommandキー＋Cキーでクリップボードにコピーする。

command
キー＋A

command
キー＋C

3 コピーしたコンテンツを貼り付ける

クリップボードにコピーした内容を貼り付けるにはcommandキー＋Vキーを押せばよい。

command
キー＋V

憧れの
ハイエンドキーボードも iPadで使える!

iPadの純正Smart Keyboardシリーズは、薄型なぶんキーの底打ち感が強く、長時間タイピングをすると疲れやすいのが難点。テキスト入力の機会が多いのであれば、純正のMagic Keyboardか、もしくはPC向けの本格的なキーボードも検討したい。実はiPadでは、Bluetooth接続、あるいはUSB接続に対応したキーボードが使えるのだ。

特におすすめなのが、個々のキーに静電容量無接点方式を採用し、極上の柔らかい打鍵感を実現する「Happy Hacking Keyboard Professional」や「Realforce」シリーズで、テキスト入力の快適さがワンランクアップするはず。スイッチを押しているようなしっかりした打鍵感を味わいたい場合は、FILCOの「Majestouch」シリーズが最適だ。

静電容量無接点式のキーを採用し、ソフトかつ静かなタイピングが可能な「Realforce」シリーズ。製品によっては、キーごとに打鍵の「重さ」が異なる変荷重を採用しているものもある。価格は2万5,000円前後から。

ソフトな打鍵感なら

スイッチを押すような「カチッ」とした打鍵感が特徴のメカニカルキーボード。「Majestouch」シリーズは、「赤軸」「青軸」など、キーの重さが異なるバリエーションが用意されている。価格は1万2,000円前後から。

しっかりとした打鍵感なら

Bluetoothで接続する

タップして接続

Bluetoothに対応するキーボードをiPadに接続して使う場合は、最初にペアリングする。キーボード側をペアリング状態にして、iPadの「設定」→「Bluetooth」から接続しよう。

USBで接続する

USBの有線キーボードをiPadにつなぐ場合は、別途USB-CやLightningといったiPad側のポートをUSB-Aに変換するアダプタが必要。Appleも「USB-C - USBアダプタ」などを販売している（1,800円）。

ここがポイント
Windows用の キーボードも 使える?

前述のとおり、iPadでは市販のキーボードを使うことができ、Windows対応のものもその例外ではない。この場合、WindowsキーがSmart Keyboardシリーズのcmdキーに置き換えられるだけで、操作感に大きな違いはない。ただし、大型で全キーにバックライトが搭載されたキーボードの一部は、iPadで動作しない可能性がある点に注意しよう。

USB、あるいはBluetooth対応のキーボードであれば、Windows用のものがiPadでも使える。Windowsキーはcmdとしてショートカットキーでの操作に使用できる。

---

4 入力したテキストから 指定した部分を範囲選択

入力したテキストから指定した範囲を選択して切り取りたい場合は、shiftキー＋カーソルキーで範囲選択し、commandキー＋Xキーで切り取ることができる。

command キー＋X

shiftキー ＋矢印

5 カーソルを先頭や 最後に移動する

カーソルを文章の先頭に移動する場合はcommandキー＋↑キー、カーソルを文章の最後に移動する場合はcommandキー＋↓を押す。

command キー＋↑

command ＋↓

6 そのほかのショートカットは 各アプリ上で確認する

書体のボールド、イタリック、アンダーラインなどそのほかの細かな操作は各アプリを表示した状態でcommandキーを長押しすると確認できる。

commandキー を長押しする

フォルダを使ってノートを効率的に分類・管理できる「GoodNotes 5」

無制限にサブフォルダを作成してノートを細かく分類できる

iPadの定番ノートアプリといえば「GoodNotes 5」。初めて手書きアプリを使う人でも直感的に操作できるシンプルで洗練されたインタフェースが特徴だ。筆圧感知機能を搭載しており、思い通りの滑らかな線が描ける点も魅力だろう。最新バージョンのGoodNotes 5は以前のバージョンに比べて作成したノートの管理機能が大幅に強化されている。

その1つはフォルダ機能だ。

ほかのノートアプリと異なりパソコンライクなフォルダ(Windowsの「エクスプローラ」、Macの「Finder」)を作成できる。また、フォルダ内にはサブフォルダを無制限に作成することができる。ノートの数が増えてきたら内容別にフォルダ分類するといいだろう。フォルダには好きな名前を付けることが可能だ。

GoodNotes 5は検索機能も優秀だ。すべてのフォルダやノート内を横断検索でき、テキストだけでなく、手書き文字やPDF内のテキストも検索対象にできる。検索結果画面からタップ1つで目的の場所を開くことが可能だ。

作者/Time Base Technology Limited
価格/980円
カテゴリ/仕事効率化

GoodNotes 5

No 1

GoodNotes 5のインタフェース

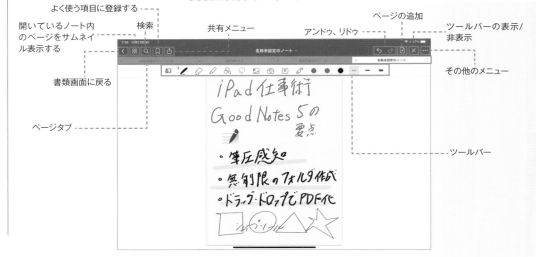

よく使う項目に登録する
開いているノート内のページをサムネイル表示する
検索
共有メニュー
アンドゥ、リドゥ
ページの追加
ツールバーの表示/非表示
その他のメニュー
書類画面に戻る
ページタブ
ツールバー

GoodNotes 5の優れたノート管理機能を使いこなそう

1 ノートやフォルダを作成する

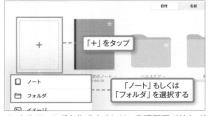

「+」をタップ
「ノート」もしくは「フォルダ」を選択する
ノート
フォルダ
イメージ

ノートやフォルダを作成するには、書類画面で追加ボタンをタップする。メニューが表示されるので「ノート」もしくは「フォルダ」を選択しよう。

2 ノートやフォルダを移動する

「移動」をタップ
タップ
移動先フォルダを指定する

ノートやフォルダを移動するには、右下のメニューボタンをタップして「移動」を選択して、移動先フォルダを選択しよう。

3 検索でノートを探す

❷キーワードを入力する
❶「検索」をタップ

下部メニューの「検索」をタップしてキーワードを入力する。キーワードに合致した手書き文字、テキスト、PDF内の文書を検索結果に表示してくれる。

ポイント

シェイプで
描いた図形を
自動で塗りつぶせる

GoodNotes 5では丸や長方形や三角といった図形をきれいに描くシェイプツールが優れている。ペンで丸や四角、三角など図形を描くと自動的にきれいな直線や曲線で構成された図形に補正してくれる。また、塗りつぶし機能を備えており、描いた図形の中を指定した色で簡単に塗りつぶすことができる。

ツールバーからシェイプをタップしたら、利用するペンを選択する。丸や四角や三角などの図形を描いてみよう。きれいな図形が描ける。

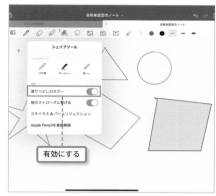

有効にする

図形の内側を塗りつぶしたい場合は、ツールバーのシェイプをタップして「塗りつぶしのカラー」を有効にしよう。図形を描いた後、自動で内側を塗りつぶしてくれる。

ポイント

横向き
スクロールから
縦向きに変更できる

GoodNotes 5の標準ではページのスクロール方法は横になっているが、詳細設定から縦向きに変更できる。縦向きに変更することで、縦長のウェブページをPDF形式に取り込んだときでもブラウザ感覚で閲覧したり、ページをまたぐように注釈を入れることができる。ウェブページをよくスクラップする人におすすめの機能だ。

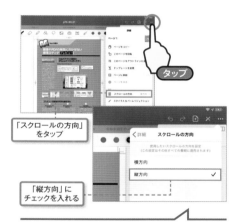

タップ

「スクロールの方向」をタップ

「縦方向」にチェックを入れる

スクロール方向を縦向きにしたい場合は、右上の「…」をタップして「スクロールの方向」をタップ。「縦方向」にチェックを入れ直そう。

上下にドラッグして縦にスクロール

縦方向にスクロールできるようになる。分割して保存したウェブページを閲覧したり、ページをまたぐようにして注釈を入れられる。

---

4 無制限にサブフォルダ
を作成する

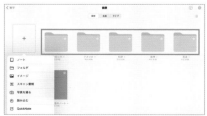

GoodNotes 5ではフォルダ内にサブフォルダを無制限に作成できる。これによって細かなノート分類ができる。

5 よく使うノートやフォルダは
「よく使う項目」に登録する

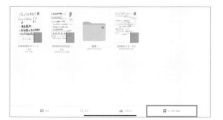

よく利用するノートやフォルダは「よく使う項目」に登録しておこう。素早く開くことができる。ノートやフォルダ右上の星をタップするとお気に入り登録ができる。

6 Split Viewを使って
ノート整理もできる

Split ViewでGoodNotes 5を同時に起動する

GoodNotes 5はSplit Viewを利用してアプリを複数同時に起動でき、ドラッグ＆ドロップでノートを移動させることが可能だ。覚えておくとより効率的にノート整理ができるだろう。

ペンとカラーカスタマイズ性に優れた「Noteshelf」

ペンとカラーの組み合わせを保存して効率よく切り替えて利用できる

とにかく多機能で使いやすい手書きノートアプリを選ぶなら「Noteshelf」がおすすめだ。利用できるペンや、消しゴム、シェイプ、テンプレートの種類が豊富で、カスタマイズ性が高い。

中でもペン周りのカスタマイズ性が高く、ボールペン、万年筆、シャーペン、鉛筆の4種類のペンのほか、2種類の蛍光ペンが用意されており、GoodNotes 5よりも利用できるペンの種類が多い。

また、Noteshelfには、「お気に入り」機能が用意されており、よく利用するカラーとペン先の組み合わせを保存しておくことで、以前利用したペンをすぐに呼び出すことができる。蛍光ペンも通常のペンと同じくお気に入りに登録することができる。

カラフルで丁寧なノートを作りたい人におすすめだ。

ほかにもオーディオの録音、図形の描画、スケッチ、契約書のサイン、フォーム記入ツールなどほかのノートアプリではあまり見られない機能がたくさん搭載されている。価格は1,220円と少し高めだが、買って損のない完成度の高いノートアプリだ。

作者／Fluid Touch Pte. Ltd.
価格／1,220円
カテゴリ／仕事効率化

Noteshelf

No 2

Noteshelfのインタフェース

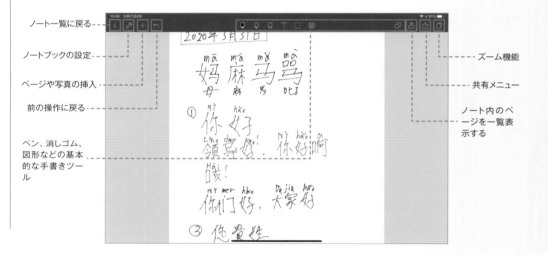

- ノート一覧に戻る
- ノートブックの設定
- ページや写真の挿入
- 前の操作に戻る
- ペン、消しゴム、図形などの基本的な手書きツール

- ズーム機能
- 共有メニュー
- ノート内のページを一覧表示する

Noteshelfの多彩なペン機能を利用しよう

1 ペンツールをタップ

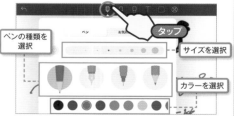

ペンの種類を選択 / タップ / サイズを選択 / カラーを選択

上部ツールバーからペンツールをタップすると設定パネルが表示される。利用するペンの種類、太さ、カラーを選択しよう。

2 お気に入りに登録する

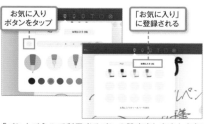

お気に入りボタンをタップ / 「お気に入り」に登録される

「ペン」パネルで利用するペンの設定をしたあとお気に入りボタンをタップすると「お気に入り」に設定したペンを登録できる。

3 蛍光ペンをカスタマイズする

タップ

蛍光ペンのペン先は2種類から選択できる。ペン同様にサイズやカラーをカスタマイズしたり、お気に入りに登録することもできる。

ポイント

1 多彩なテンプレート を使いこなそう

Noteshelfはほかのノートアプリよりも標準で利用できるテンプレートの数がはるかに多く、40種類以上から選択できる。テンプレートメニュー下にある「無料ダウンロード」をタップすれば、さらに多彩なテンプレートが無料でダウンロードできる。

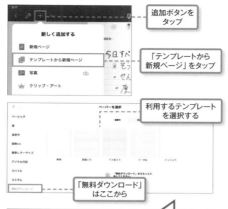

追加ボタンをタップ

「テンプレートから新規ページ」をタップ

利用するテンプレートを選択する

「無料ダウンロード」はここから

ノート画面で左上にある追加ボタンをタップし、「テンプレートから新規ページ」を選択する。テンプレート選択画面が表示される。左でカテゴリを選択し、右でテンプレートを選択しよう。

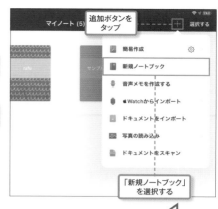

追加ボタンをタップ

「新規ノートブック」を選択する

新規ノートブック作成時にも用紙や表紙のテンプレートを設定できる。ノートブック一覧ページで追加ボタンをタップし、「新規ノートブック」をタップする。

ポイント

2 ページを 並び替えたり、 ほかのノートブック内 に挿入する

Noteshelfはノートブック内の指定したページをほかのノートブックに挿入することができる。ノートブックを開き、右上のサムネイルボタンをタップする。編集モードで移動したいページを選択して移動先ノートを指定しよう。

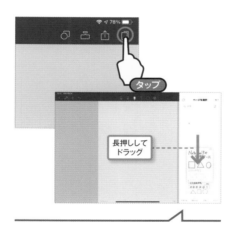

タップ

長押ししてドラッグ

メニューバー右上のページ一覧ボタンをタップする。ページがサムネイル形式で一覧表示される。長押しして上下にドラッグで並び替えることができる。

「移す」をタップ

ノートブックを指定する

ページをほかのノートブックに移動するには、長押ししてメニューから「移す」をタップ。移動先ノートブックを指定しよう。

---

4 消しゴムの設定を 変更する

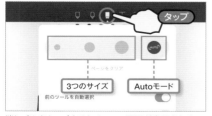

タップ

3つのサイズ

Autoモード

消しゴムをタップするとメニュー画面が表示される。3つのサイズとAutoモードに切り替えられる。

5 Autoモードで 消しゴムを利用する

ゆっくり動かすとサイズは小さい

速く動かすとサイズは大きくなる

Autoモードにすると自動的にサイズが調整される。具体的にはペンの軌跡が速い場所ほどサイズは大きくなり、ゆっくりした場所ほどサイズは小さくなる。

6 蛍光ペンのみを 消去する

有効にする

消しゴムの設定で「蛍光ペンのみ消去」を有効にすると通常のペンは消さずに蛍光ペンの部分を消去できる。

手書きの良さとボイスレコーダーが一体化した「Notability」

録音した内容の気になる部分をすぐに頭出しできる

「Notability」は多機能だが、非常にわかりやすい操作性で評判の高いノートアプリ。アメリカのiPad App Storeランキングでは1位常連になっている。

アプリを起動すると画面左側にノートグループが一覧表示され、右側にノートグループ内の内容がプレビュー表示されるメールアプリのような管理画面が人気だ。

Notability最大の特徴は録音機能がとても優れていること。

バックグラウンドで音声を録音しながら、手書きのメモを取ることができる。録音中に書きとったメモをタップすると、そのメモを入力した時間の録音部分を頭出しできるのがほかのノートアプリとの大きな違いだ。気になるメモの音源部分を聞き返したいときでも、シークバーを動かして該当部分を探し出す必要がない。メモをタップすればすぐに目的の箇所を頭出しすることが可能だ。

録音したノートは、PDF形式やテキスト形式に出力できる。出力する際に音声部分はメモ内容と別にm4a形式のオーディオファイルとして保存できるので、ほかの人と録音音声を共有することが可能だ。

作者／Ginger Labs
価格／1,100円
カテゴリ／仕事効率化

Notability

Notabilityのインタフェース

ノートグループ画面に戻る

共有メニュー
作成した手書きノートを外部に出力する

前の操作に戻る

ツールメニュー
左からテキスト、ペン、マーカー、消しゴム、切り取り、ページスクロール、各ボタンを長押しするとオプションメニューが表示される

追加ボタン
写真、カメラ撮影写真、図形、ウェブページキャプチャした画像をノートに追加する

ノート一覧表示
タップすると画面右側にノートが一覧表示される

オプション
ペーパーの種類変更、表示形式変更、ノートの情報表示などをする

録音ボタン
タップすると録音が始まる。もう一度タップすると停止する

⟩ Notabilityを使いこなそう

1 ノートグループを作成する

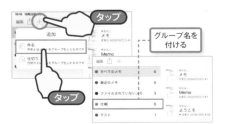

ノートをカテゴリ分けするためのノートグループを作成するには、左上の追加ボタンをタップして「件名」をタップ。ノートグループ名を付けよう。

2 ドラッグ＆ドロップでグループ間を移動させる

ノートはドラッグ＆ドロップで簡単にノートグループ間を移動できる。標準「メモ」アプリのような操作感が好きな人におすすめのノートアプリだ。

3 録音しながらメモを取る

録音しながら手書きメモを作成するには、右上の録音ボタンをタップする。ボタンが変化して録音が始まるので、手書きノートを作成していこう。

ポイント 1
ページをめくる必要がない無制限にメモが書ける

ほかのノートアプリと異なりNotabilityではページをめくるという概念がなく、上下にスクロールして途切れることなくメモを書き続けることができる。ページ間でメモが途切れることに不満な人におすすめだ。なお、ページ単位で区切ることもできる。

ページがいっぱいになったら上へスワイプしよう。ページが途切れずメモを書き続けることができる。

ページを切り替えたいときは右のページ一覧でページをタップするか、ページ切り替えボタンをタップしよう。

ポイント 2
2つのノートを並列表示できる「メモスイッチャー」

「メモスイッチャー」機能を利用すれば画面が分割され2つのノートを同時に開くことができ、また同時にメモをとることができる。分割線を左右にドラッグすることで左右の比率を変更することもできる。Split Viewによく似た機能といえるだろう。

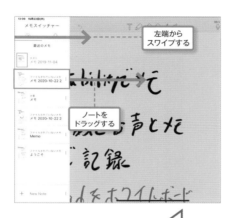

画面左端をスワイプして「メモスイッチャー」を呼び出したら、表示したいノートをドラッグする。

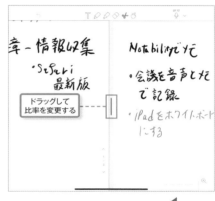

ノートが2画面で展開され、片方のノートを見ながら書き込める。分割線を動かして比率を変更できる。

4
録音した音声を再生する

録音した内容を再生するには、録音ボタン横の「△」をタップする。コントロールバーが表示されるので再生ボタンをタップしよう。音声の再生に合わせて、自分が書き込んだメモが薄い字から濃い字に変わっていく。

5
メモ内容を頭出しする

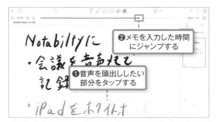

メモした内容をタップすると、そのメモを入力した時間に録音された音声部分に再生ボタンが移動して、音声を頭出しできる。

6
録音した音声を書き出す

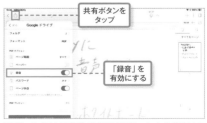

録音したメモと音声を書き出すには、左上の共有メニューを開き共有先を選択。「録音」を有効にしよう。音声を分離して書き出せる。

YouTube動画を貼り付けることができるノートアプリ

動画を再生しながらメモを取る人に便利

▶No
4

YouTube動画をはじめウェブ上にあるコンテンツをスクラップし、そこに手書きでメモを入れることが多い人なら「スクラップノート」を使おう。

スクラップノートはマーカーペン、羽根ペン、蛍光ペンなどの手書きによるメモのほか、YouTube動画を直接ノート上に貼り付けることができる。ブラウザ機能を搭載しており、YouTubeやVimeoなどの動画サイトに直接アクセスし、表示中の動画をタップ1つでノートに貼り付けることが可能だ。

ノートに貼り付けた動画はそのまま直接再生可能で、再生しながら空白エリアに内容をメモすることが可能だ。学習目的や情報収集などでYouTubeから頻繁にメモを取る人に非常に便利だ。貼り付けた動画の大きさや位置も自由に変更できる。

スクラップノートは手書き機能としてはほかのノートアプリよりも弱いが、YouTube動画をそのまま貼り付け再生できるのが最大の特徴だ。情報をコピー＆ペーストできない動画や音声を再生しながら重要なところを手書きでサクッとメモしたいときに便利だ。

作者／groosoft
価格／610円
カテゴリ／仕事効率化

スクラップノート

スクラップノートの基本的なメイン画面

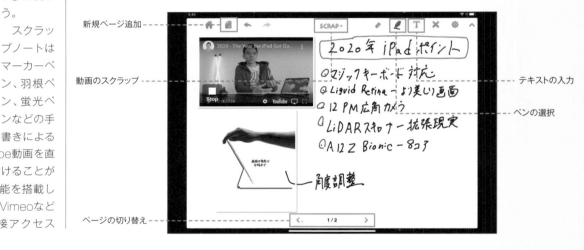

新規ページ追加
動画のスクラップ
ページの切り替え
テキストの入力
ペンの選択

YouTube動画をスクラップしてメモを取ろう

1 「SCRAP」をタップする

YouTubeの動画をスクラップするには、アプリ上部にある「SCRAP」をタップして、メニューから「YouTube」を選択する。

2 YouTube動画をスクラップする

キーワードを入力する
タップ

ブラウザが起動する。右上の検索ボックスでYouTube動画をキーワード検索できる。スクラップ対象の動画を表示したら「SCRAP」ボタンをタップしよう。

3 長押ししてメニューを表示する

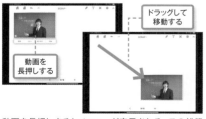

ドラッグして移動する
動画を長押しする

動画を長押しするとメニューが表示される。この状態で動画をドラッグすると位置を移動できる。

スクラップノート

ポイント

1 ウェブページの内容をスクラップする

　YouTube動画だけでなくメモをとっておきたいウェブページをスクラップするにも便利。ブラウザで対象のページを指定したあとスクラップボタンを押すと表示している画面を取り込んでくれる。スクラップした画面をタップするとそのページを表示できる。

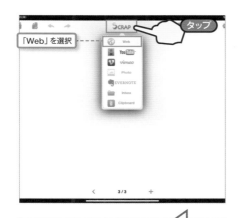

ウェブページをスクラップするには、「SCRAP」から「Web」を選択する。ブラウザが起動するのでアドレスバーにURLを入力しよう。

右上の「SCRAP」ボタンをタップすれば表示している部分をスクラップできる。ページ内の指定した部分をスクラップする場合は、切り抜きボタンを利用しよう。

スクラップノート

ポイント

2 クリップボードをスクラップする

　スクラップノートはクリップボードに保存しているテキストを1つのカードとしてスクラップすることができる。文章を作成する際、各段落ごとにスクラップしておけば、あとで文章全体の構成を考えたり、組み直すのに役立つ。

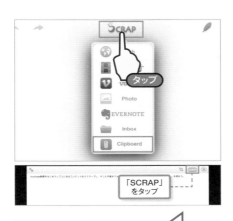

SCRAPメニューで「Clipboard」をタップする。クリップボードに保存されているテキストが表示されるので「SCRAP」をタップしよう。

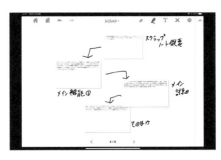

クリップボードが付箋紙のように貼り付けられる。写真や動画と同じくサイズを調節したり、位置を調節することができる。

---

4 動画のサイズを変更する

動画のサイズを変更したい場合は、長押ししてメニューを表示させたあと、動画の角をドラッグしよう。

5 再生しながらノートを取る

動画をタップして再生ボタンをタップするとノート内で動画が再生される。ペンツールを使って内容をメモしていこう。

6 テキストを入力する

手書きだけでなくテキストを入力することもできる。入力したテキストは動画と同様に自由に大きさや位置を変更できる。

オフィスファイルを読み込んで複雑な処理ができる「ZoomNotes」

とにかく多機能！あらゆるファイルに手書きができる

使いやすさよりもとにかく多機能で凝ったノートアプリを求めている上級者には「ZoomNotes」がおすすめだ。

ZoomNotesは非常に多機能な手書きノートアプリ。インポート機能がほかのアプリよりも強力で、画像やPDF形式だけでなく、Word、Excel、PowerPointなど、MicrosoftのOfficeファイルをインポートして注釈を付け加えることができる。

共有メニューも豊富でメールに添付して送信できるので、部下が作成した統計データやグラフにも簡単に注釈や指示内容を入れて返信することが可能だ。ただし、書き出す際はPDF形式となる。

また、「マップ」アプリで表示している地図をキャプチャして手書きの注釈を入れたり、ウェブページをキャプチャして注釈を入れることができる。ウェブページをキャプチャする際は、iPadの画面に表示されている部分だけでなくページ全体をキャプチャしたり、範囲指定した箇所をキャプチャすることもできる。ウェブサイトの校正などに便利だ。また、レイヤー機能が使えるところも大きな特徴だ。

作者／Deliverance Software Ltd
価格／980円
カテゴリ／仕事効率化

ZoomNotes

▶No 5

ZoomNotesのインタフェース

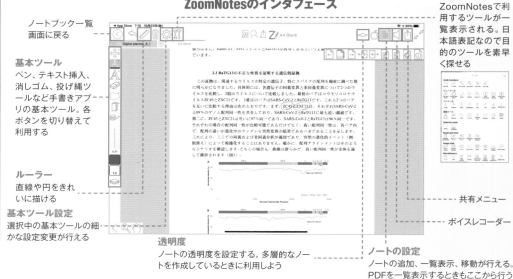

ノートブック一覧画面に戻る

基本ツール
ペン、テキスト挿入、消しゴム、投げ縄ツールなど手書きアプリの基本ツール。各ボタンを切り替えて利用する

ルーラー
直線や円をきれいに描ける

基本ツール設定
選択中の基本ツールの細かな設定変更が行える

透明度
ノートの透明度を設定する。多層的なノートを作成しているときに利用しよう

ツール一覧
ZoomNotesで利用するツールが一覧表示される。日本語表記なので目的のツールを素早く探せる

共有メニュー

ボイスレコーダー

ノートの設定
ノートの追加、一覧表示、移動が行える。PDFを一覧表示するときもここから行う

ZoomNotesでオフィスファイルにメモ書きしよう

1 ファイルをインポートする

❷チェックを付ける
❶「インポート」をタップ
❸「ダウンロード」をタップ

Officeファイルを読み込むには、ノートブック一覧画面で、左上の追加ボタンをタップして「インポート」から、読み込みたいファイルにチェックを入れて「ダウンロード」をクリック。

2 基本ツールを使って注釈を入れる

ツールを選択する
手書きで注釈を入力する

PDF形式に変換された形でOfficeファイルが読み込まれる。左側にある手書きの基本ツールを使って注釈を入れていこう。

3 入力したノートを外部へ保存する

共有メニューをタップして共有方法を選択する

注釈を入れたノートを外部へ保存する場合は、右上の共有メニューをタップする。共有方法を選択すれば、PDF形式でノートを保存することができる。

ポイント 1

レイヤーのように多層的なノートを作ることができる

ZoomNoteがほかのノートアプリと異なるのは、グラフィックアプリのレイヤーのようにノートの上にノートを重ねて多層的なノートを作ることができることだ。付箋のように利用できる。レイヤー機能を使うにはノートコントロールを操作しよう。

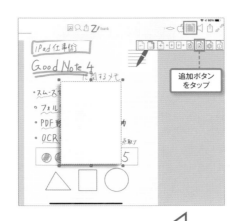

追加ボタンをタップ

ノートコントロールの右から3番目の追加ボタンをタップすると現在のノート上にノートが追加される。

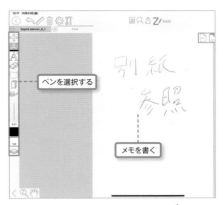

ペンを選択する

メモを書く

タップすると追加されたノートが拡大表示される。左のツールパネルでペンを選択して、メモを書こう。

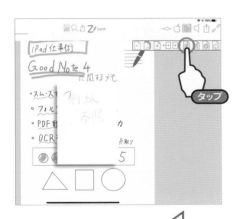

タップ

下の層にあるノートを重ねた状態で表示したい場合は、ノートコントロールの右から4番目のボタンをタップする。

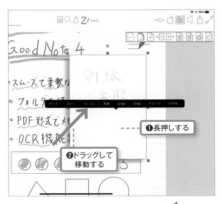

❶長押しする

❷ドラッグして移動する

ノートのサイズや位置を変更する場合は長押しする。枠線が表示されたらドラッグしてサイズや位置を調整しよう。

レイヤーボタンをタップ

レイヤーと同じくノートの透明度を変化させることもできる。ツールバー一番下のレイヤーボタンをタップして透明度を調節しよう。

4 PDFをインポートする

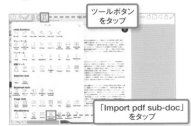

ツールボタンをタップ

「Import pdf sub-doc」をタップ

すでに開いているノートからでもオフィスファイルをインポートできる。左上のツールボタンをタップ。PDFをインポートするなら「Import pdf sub-doc」をタップする。

5 ノートコントロールを表示する

タップ

ページ一覧ボタンをタップ

何十ページにもまたがるPDFを操作する場合、右上のノート設定ボタンをタップ。ノートコントロールが表示される。PDF全体を表示したい場合は左から2番目のボタンをタップする。

6 ページ一覧から移動、操作する

PDFのページが一覧表示される。ここからほかのページに素早く移動したり、ページを削除したりすることが可能だ。

入力 INPUT

こんな用途に便利！

快適にテキストが入力できる
シンプルかつ美しい画面デザインでテキスト入力が楽しくなる

たくさんのメモを効率的に管理できる
メモが増えてもタグ機能ですばやく目的のメモを探し出せる

ワープロのようなリッチな文書を作成できる
マークダウン記法に対応し、文字装飾はもちろん、文書内に画像も挿入できる

iPadで使うべき テキストエディタを考える

ワープロのようにリッチな文書を作ることができる「Bear」が本命

企画書や提案書の下書き、ちょっとしたメモなどの用途で、1本持っていると便利なのがテキストエディタだ。iPad向けには数多くのテキストエディタや文書作成ツールがリリースされているが、中でもひときわ美しい画面デザインで人気を博しているのが、「Bear（ベアー）」だ。

Bearは一般的なテキストエディタと同様に、文章やメモを軽快に入力できることはもちろん、まるでワープロアプリのように、タイトルや見出しなどの段落書式や、太字や斜体などの文字書式を設定して、見た目にリッチな文書を作成できる点が大きな特長だ。「テキストエディタで書式？」と疑問に思うかも

しれないが、こうしたリッチな表現は、「マークダウン記法」と呼ばれるルールに則った記述方法によって実現している。Bearで作成、出力できるのは当然テキスト形式のファイルだが、マークダウン記法に対応する他のエディタでそのファイルを開けば、Bearで設定した書式が再現されるのだ。

マークダウン記法では、さまざまな記号の組み合わせで書式を設定するため、通常のテキストエディタを使う場合はその記号のルールを覚える必要があるが、Bearではキーボード上部に表示されるツールバーの各ボタンからワンタッチでさまざまな書式を設定できるため、マークダウン記法を知らなくてもOKだ。

Bearは縦に3分割された画面

で、書き留めたメモを閲覧、編集、管理するが、文章の入力時は入力画面だけの表示になり、集中しやすい点も気が利いている。

作者／Shiny Frog Ltd.
価格／無料（App内課金あり）
カテゴリ／仕事効率化

Bear

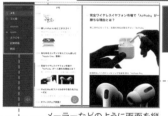

選択したタグを含むメモが一覧表示される

メモの内容を閲覧、編集するエリア

メモに設定したタグにすばやくアクセスできる

メーラーなどのように画面を縦に3分割する表示形式を採用。テキストエディタながら、まるでワープロで作成したような、リッチな文章を作成できる。

ツールバー

ツールバーから、テキストにマーカーを引いたり、見出しにしたりといった書式設定が可能。

メモを作成、削除する

1 メモの作成ボタンをタップする

メモの作成ボタンをタップ

メモの一覧の右下にある、赤色のメモの作成ボタンをタップする。

2 メモが作成される

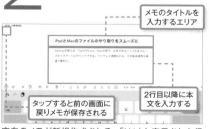

メモのタイトルを入力するエリア

タップすると前の画面に戻りメモが保存される

2行目以降に本文を入力する

空白のメモが新規作成される。「H1」と表示された行にはメモのタイトルを、本文は次行以降に入力する。キーボード上部には書式などを設定するツールバーが表示される。

3 メモを削除する

左にスワイプ

メモを削除するには、メモの一覧から削除するものを左にスワイプする。

Bearの基本機能から便利な機能までマスターしよう

Bearで書き留めた下書きなどの文章は、すべて「メモ」として扱われ、フォルダで分類することはできない。「仕事用」「私用」などとメモを分類するには、タグを使う。タグはメモ内の任意の位置に記述することができ、一度入力したタグは以降メニューから選んで簡単に入力できる。メモにタグを記述しておけば、画面左端のタグ一覧にそのタグが追加される。これをタップすれば、そのタグが含まれるメモがメモの一覧に表示され、すばやく目的のメモを検索できて便利だ。

また、メモ内にiPadで撮影した写真を入れたり、Apple Pencilなどを使ってメモを手描きしたりできる。さらに、作成したメモは、テキスト形式をはじめ、PDF、HTML、DOCXなどのさまざまなファイル形式で書き出すこともできる。

メモにタグを入力する

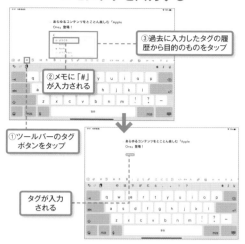

③過去に入力したタグの履歴から目的のものをタップ

②メモに「#」が入力される

①ツールバーのタグボタンをタップ

タグが入力される

メモに写真を入れる

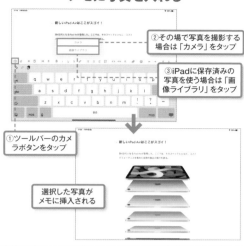

②その場で写真を撮影する場合は「カメラ」をタップ

③iPadに保存済みの写真を使う場合は「画像ライブラリ」をタップ

①ツールバーのカメラボタンをタップ

選択した写真がメモに挿入される

メモを手描きする

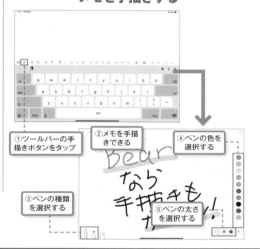

①ツールバーの手描きボタンをタップ

②メモを手描きできる

④ペンの色を選択する

③ペンの種類を選択する

⑤ペンの太さを選択する

メモをファイルとして書き出す

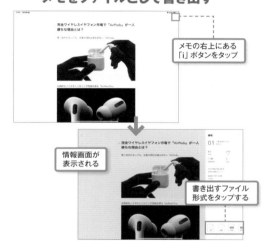

メモの右上にある「i」ボタンをタップ

情報画面が表示される

書き出すファイル形式をタップする

ここがポイント

プロ版にアップグレードするとデバイス間同期ができる

Bearの基本的な機能は無料で利用できるが、アプリ内課金でプロ版にアップグレードできる。プロ版では、iPhoneやMac、Windowsパソコンといった異なるデバイスにインストールされたBearとメモを同期する機能や、Bearの外観を変更するためのテーマがアンロックして使えるようにする機能が追加される。なお、プロ版は月額150円で利用できる。

タブの一覧右下のボタンをタップし、「Proにアップグレード!」をタップしてプロ版を購入できる。

---

4 メニューが表示される

「ゴミ箱」をタップ

スワイプしたメモの右側にメニューが表示されるので、「ゴミ箱」をタップする。「上にピン留め」をタップすると、そのメモがメモ一覧の最上段に固定される。

5 タグの一覧を表示する

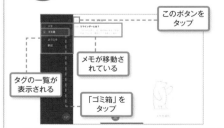

このボタンをタップ

メモが移動されている

タグの一覧が表示される

「ゴミ箱」をタップ

メモの一覧左上のボタンをタップすると、画面左端にタグの一覧が表示される。ここで「ゴミ箱」をタップすると、削除したメモが移動されていることが確認できる。

6 削除したメモを元に戻す

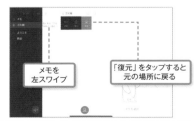

メモを左スワイプ

「復元」をタップすると元の場所に戻る

「ゴミ箱」に移動したメモを左スワイプすると表示される「復元」をタップすると、メモがゴミ箱から元の場所に戻される。「削除」をタップすると完全に削除される。

こんな
用途に
便利！

Evernoteレベルのメモアプリが無料で使える

Evernoteの無料プランのような端末制限がない

ビジネス用途に便利な機能が満載

エクセルのようなテーブル、カレンダー、写真ギャラリーを搭載している

マークダウン記法に対応している

キーボードで効率的にメモを作成できる

Evernoteからの乗り換えなら無料の超多機能ノート「Notion」を使おう！

原稿書き、表計算、タスク管理などもできるノートアプリ

多機能メモアプリといえばEvernoteが有名だが、無料プランは端末制限や機能制限があり使いづらく感じている人は多いだろう。無料でEvernote並のメモアプリを使いたいなら「Notion」がおすすめだ。

Notionはクラウド形式のメモアプリ。作成したメモはクラウド上に保存され、無料で複数の端末に制限なしでメモを同期することができる。iPhone版やデスクトップ版も配布されているのであらゆる場所でメモの閲覧や同期ができる。

シンプルなインタフェースながら非常に多機能な点もNotionの特徴だ。ノート作成、写真挿入、タスクリスト、ノー

トのシェア、テキスト装飾、URLリンクの貼り付けなど標準的なメモアプリに搭載されている機能をほぼカバーしているほか、データベースというメニューから、エクセルのようなテーブル、カレンダー、写真ギャ

ラリーなどの機能をメモに追加することもできる。

また、Notionはマークダウン記法に対応しており、Magic KeyboardやSmart Keyboardを利用している人であれば、キーボード操作で効率的に改行、

見出し、箇条書き、ナンバリング作業が行える。

作者／Notion Labs, Incorporated
価格／無料
カテゴリ／仕事効率化

Notion

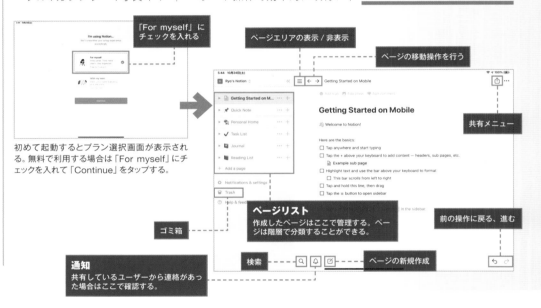

初めて起動するとプラン選択画面が表示される。無料で利用する場合は「For myself」にチェックを入れて「Continue」をタップする。

「For myself」にチェックを入れる

ページエリアの表示／非表示

ページの移動操作を行う

共有メニュー

ページリスト
作成したページはここで管理する。ページは階層で分類することができる。

前の操作に戻る、進む

ゴミ箱

検索

ページの新規作成

通知
共有しているユーザーから連絡があった場合はここで確認する。

Notionで高度なメモを作成してみよう

1 ページを作成する

タップしてページを作成する

Notionでページを作成するには左メニューの「Add a page」または下部にあるページ作成ボタンをタップしよう

2 見出しとカバーを設定する

タップしてカバーを設定する

見出しを入力する

タップしてカバーを変更する

新規ページが作成される。まずは見出しを入力しよう。「Add icon」をタップすると自動的にカバーが設置される。カバーは「Change cover」から好きなものに変更できる。

3 ツールバーを利用する

ほかのメニューを表示する

ツールバーから利用するツールを選択する

画面をタップしてメモを入力していこう。画面下部にあるツールバーから写真を入力したり、カラーを変更できる。さらに多くのツールを利用する場合は「＋」をタップ。

入れ子構造で
メモの管理ができる

Notionで作成したページは画面左側のサイドバーに一覧表示される。各ページはドラッグ＆ドロップで自由に順番を変更することができる。

また、Notionではページ内に小ページを作ることができる。Evernoteノートリンクやウェブサイトのリンクと異なり、プログラミングや書籍のような「Aの中にBを入れる」といった入れ子構造のメモを作成できるのが大きな特徴だ。

また、作成した小ページはサイドバーにも表示され、親ページに変更したり、ほかのページの小ページに自由に移動させることも可能だ。親ページと子ページの移動は、左上にある「←」「→」をタップして移動できる。この矢印は、「前の操作に戻る、進む」とは異なる点に注意しよう。なお、「前の操作に戻る、進む」は右下にある。

ツールバー左端の追加ボタンをタップしてメニューを表示したら、「Page」を選択する。

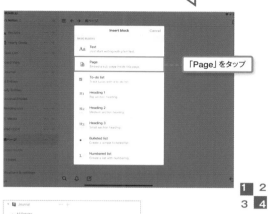

「Page」をタップ

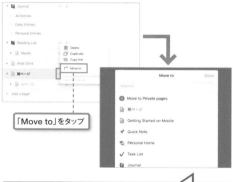

「Move to」をタップ

サイドバーにあるページを移動させたい場合は、メニューボタンをタップして「Move to」をタップし、移動先の親ノートを指定しよう。

小ページが作成される。上部の「←」「→」で親ページと子ページの移動ができる。サイドバーにも入れ子構造で表示される。

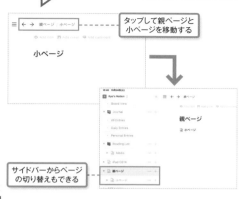

タップして親ページと小ページを移動する

サイドバーからページの切り替えもできる

1 2 3 4

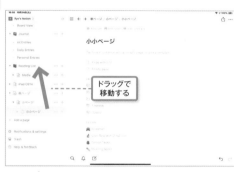

ドラッグで移動する

ページを長押ししたあと、ドラッグして直接移動させることもできる。削除したい場合は「Trash」に移動させよう。

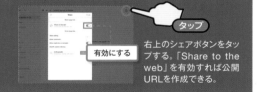
---

4 さまざまなメニューが表示される

「Table-inline」をタップ

「＋」をタップすると表作成やカレンダー、タスクリストなどさまざまなツールメニューが表示される。ここでは表（Table）を追加してみよう。

5 表が追加される

表見出しを入力する

データを入力する

ページ内に表が追加される。表の見出しを入力して表内にデータを入力していこう。セル内の「＋」をタップすると行や列を追加できる。

6 タスクリストを作成する

タスクを終えたらチェックを付けよう

タスクリストも作成できる。手順4のメニューで「To-do list」をタップすれば追加される。

入力
INPUT

こんな
用途に
便利！

キーボードより素早く打てる
キーボードよりも音声入力のほうがはるかに速く入力できる

変換精度が高い
Apple製、Google製ともにどちらも変換精度が高く、打ち直しが少なくてすむ

句読点、改行にも対応
Apple製音声入力アプリは句読点や改行も音声入力で行える

キーボードが苦手なら認識精度抜群の音声入力を使おう

人によっては
キーボード入力よりも
遥かに素早く入力できる

ソフトウェアキーボードを使って両手で文字入力できるのがiPadのメリットだが、平らな台に設置できる状況でないと入力するのが難しい。外出時に手持

ちで入力を行う場合は、音声入力機能を使うのもおすすめだ。

音声入力というと、誤認識が多く、打ち直しが面倒なのではないかと思われるが、iPadの音声入力は認識精度抜群。たとえ誤認識があっても、修正せずどんどん話しかけてみよう。文章

全体の文脈に合わせて、あとで自動修正してくれる。誤認識があった場合は、修正箇所をタップしよう。修正候補が表示され、素早く再変換することが可能だ。指で打つのはもちろんのこと、キーボードよりも素早く入力できる。400文字の原稿で

あれば、約1分で入力可能だ。

以前は日本語入力をする場合は、音声入力画面で「日本語」に設定変更する必要があったが、iPadOSからユーザーが話している言語を自動で検知し、適切な言語に自動で変換してくれる。

400文字の文章なら約1分で入力可能

入力時間はわずか1分！

滑舌が良いならさらに効率アップ！

誤変換はほぼゼロ！

iPadの音声入力で約400文字程度の文章を音声入力した直後の状態の画面。誤変換がほとんどない。滑舌がよい人であれば、ほぼ修正なしで入力できるはずだ。

1 日本語音声入力を有効にしておこう

音声入力を有効にする

音声入力言語で日本語を有効にする

「設定」アプリから「一般」→「キーボード」へと進み、「音声入力」を有効にする。「音声入力言語」で日本語にチェックを入れておこう。

2 日本語テンキーでマイクボタンをタップ

マイクボタンをタップ

話しかける

テキスト入力可能なアプリを起動して、マイクボタンをタップする。音声入力画面に切り替わるので話しかけよう。

句読点や記号を音声入力で入力するには？

1 音声入力中に句読点を入れる

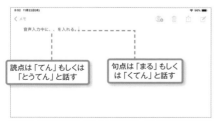

読点は「てん」もしくは「とうてん」と話す

句点は「まる」もしくは「くてん」と話す

音声入力中に句読点を入れるには、句点の場合は「まる」もしくは「くてん」と話しかけよう。読点の場合は、「てん」もしくは「とうてん」と話しかけよう。

2 英語入力と日本語入力を入れ替える

うまく自国言語で入力してくれない場合や、音声入力中に英語入力に切り替えたい場合は、左下にある地球儀ボタンをタップしよう。

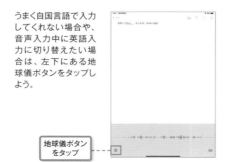

地球儀ボタンをタップ

3 ?や!などの記号を入力する

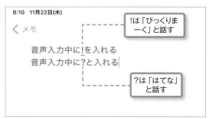

!は「びっくりまーく」と話す

?は「はてな」と話す

音声入力中に記号を入力する場合は、記号名を話しかけよう。!の場合は「びっくりまーく」、?の場合は「はてな」で入力できる。

高精度の音声入力アプリ Speechyを使おう

「Speechy」は最新の人工知能と強力な音声認識エンジンを搭載した音声入力専用アプリ。キーボードを使わなくてもアプリを起動して話しかけるだけで入力できる。音声入力されたテキストはEvernote、Dropbox、Googleドライブ、OneDrive、Facebook、Twitterなどのアプリに素早く共有できるほか、出力してテキストファイルとして保存することもできる。時間制限なしで音声入力できるので、音声入力中に勝手に止まってしまう心配はない。

また、翻訳機能も搭載しており音声入力したテキストを88以上の言語に変換できるので、外国人とのコミュニケーションにも役立つだろう。

作者／JIHUA ZHENG
価格／無料
カテゴリ／ビジネス

Speechy Lite

アプリを起動したら中央下にある録音ボタンをタップして話しかけよう。テキストが入力されていく。

タップして録音、もう1度タップして停止する

入力した内容をコピーしたり、外部に保存する場合は右下の共有メニューをタップ。ファイルに保存する場合は「.txt」形式に変換される。

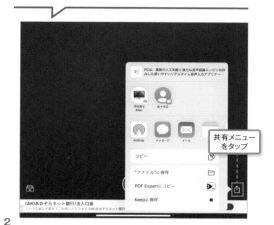

共有メニューをタップ

右上の翻訳ボタンを押すと指定した言語に翻訳できる。下部の国旗をタップして翻訳する言語を指定しよう。

タップして翻訳する言語を指定する

左上の設定メニューを開くと、音声認識言語を変更したり、フォントサイズの変更ができる。標準ではオフになっているがテキストカウントもできる。

ここがポイント

Google翻訳でテキスト入力する

「Google翻訳」は本来は翻訳アプリだが音声入力アプリとして応用することもできる。Google製ということもあり、日本語音声入力時の認識精度は高い。音声入力したテキストはタップ1つでクリップボードにコピーできる。

音声入力後、日本語入力した部分だけコピーする。

---

4 文章を改行をして読みやすくする

改行して文章を読みやすくしたり、段落を区切りたい場合は、「かいぎょう」と話すと次の行に改行できる。

改行するには「かいぎょう」と話す

iPadの音声入力での記号入力方法

♪	おんぷ	%	ぱーせんと	\	ばっくすらっしゅ	←	ひだりむきやじるし
=	いこーる	|	ぱいぷ	:	ころん	(	かっこ
－	はいふん	.	どっと/ぴりおど	;	せみころん	)	かっことじる
#	しゃーぷ	‥	にてんりーだー	・	なかぐろ	「	かぎかっこ
¥	えんまーく	…	てんてんてん	~	ちるだ	」	かぎかっことじる
$	どるまーく/どるきごう	※	こめじるし	+	ぷらす	{	ちゅうかっこ
&	あんど/あんばさんど	①	まるいち	→	やじるし	}	ちゅうかっことじる
@	あっとまーく	②	まるに	↑	うわむきやじるし	*	あすてりすく
／	すらっしゅ	◇	ひしがた	↓	したむきやじるし	©	しょうひょうきごう

こんな
用途に
便利！

定型文をキーボードから簡単入力

長文からHTMLタグまで、用途は無限大

住所やメアドも安全に管理・入力したい

他人に見られたくない内容も登録できる

コピーしたデータをまとめてペーストする

通知センターでクリップボード管理

定型文+クリップボードアプリで テキスト入力&編集を効率化する

よく使うフレーズは 単語登録ではなく 専用アプリで入力しよう

iPadで文書を作成する際、挨拶文や署名など、決まった文章を入力することが多い。固有名詞やメールアドレスなど、短いテキストであれば、単語登録機能を活用する方法もあるが、改行を含んだ長文には不向きだし、変換候補が煩雑になるデメリットもある。「Phraseboard」は、定型文を登録して、専用のキーボードからワンタッチで入力できる定型文入力アプリ。定型文は用途ごとにカテゴリ分け

作者／Daniel Soffer
価格／無料
カテゴリ／ユーティリティ

Phraseboard Keyboard

でき、パスワード入力が必要なセキュアカテゴリも用意されているので、個人情報を含む定型文も安全に管理できる。さらに、自分の位置情報を取得して貼り付けられるオマケ機能も、意外と便利だ。

ビジネス文書やメールでの利用のほか、ブログを書いているユーザーであれば、よく利用するHTMLタグを登録しておけば、効率的なブログの執筆が可能になる。iCloudを利用して、他のiOSデバイスと定型文を同期させることもできる。

Phraseboardと合わせて、次ページで解説しているクリップボードアプリを組み合わせれば、Web やSNS、ニュースアプリの記事を引用しながら、アプリの切り替えを最小限にして作業できる。

「Phraseboard」に、署名や住所、挨拶文、HTMLタグなど、よく使う定型文を登録しておく。

「Copied」やユニバーサルクリップボードでコピペしたテキスト、画像を準備、操作する。

文書を作成する際、Phraseboardキーボードから定型文を入力したり、Copiedでコピーしたテキストやユニバーサルクリップボードでコピーしたテキスト、画像を貼り付け編集する。

「Phraseboard」に定型文を登録して一発入力する

1 Phraseboardキーボードを 追加してフルアクセス許可

タップして追加する

設定アプリの「一般」＞「キーボード」＞「キーボード」を開き、キーボードの追加からPhraseboardを追加。追加したPhraseboardをタップしてフルアクセスを許可しておく。

2 定型文のカテゴリを作成して 定型文を編集

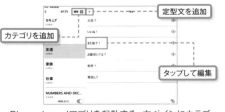

定型文を追加

カテゴリを追加

タップして編集

Phraseboardアプリを起動する。左ペインにカテゴリ、右ペインに定型文がリストアップされる。「＋」で追加、「編集」で削除や並べ替えなどの動作ができる。

3 定型文を編集する

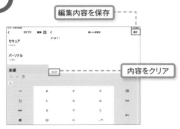

編集内容を保存

内容をクリア

定型文をタップすると、編集画面に切り替わる。単語だけでなく、改行つきの長文も登録して利用できる。「保存」をタップして、定型文を登録する。

コピー＆ペーストを効率よく行う

ネット上から複数のコンテンツをコピー＆ペーストしてメモする際、コピー＆ペーストのために何度もブラウザとメモアプリを切り替えるのは面倒だ。アプリの切り替えを少なくしたいなら「Copied」を利用しよう。

「Copied」はiPad用のクリップボード管理アプリ。あとで使いそうなテキストをCopiedに保存してリスト化できる。リスト化した内容はタップ1つで呼び出せる。Split ViewやSlide Overで並行起動しておけば、コピー関連の操作が格段に快適になるだろう。

作者／Kevin Chang
価格／730円
カテゴリ／ユーティリティ

Copied

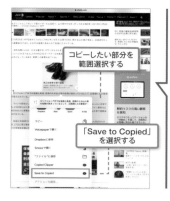

「コピーしたい部分を範囲選択する」

「Save to Copied」を選択する

Copiedをインストール後、Safariでコピーしたいコンテンツを範囲選択してメニューから「共有」をタップして「Save to Copied」を選択する。

1 2
3 4

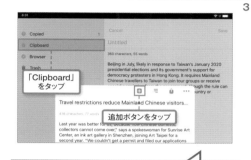

「Clipboard」をタップ

追加ボタンをタップ

共有メニューがないアプリからCopiedに保存したい場合は、メニューから「Clipboard」をタップ。ポップアップ画面が起動しクリップボードの内容が表示されたら追加ボタンをタップしよう。

Copiedを起動すると、メニューの「Copied」にコピーした内容が自動的に保存されている。内容をクリップボードにコピーしたい場合は、コピーボタンをタップしよう。

タップするとクリップボードにコピー

Split ViewやSlide OverでCopiedを開いておく

Split ViewやSlide OverでCopiedを起動して併用すればコピーした内容を素早く保存したり、保存した内容を呼び出すことができる。

ここがポイント

Mac, iPad、iPhoneユーザーならユニバーサルクリップボードも便利!

iPadには標準でiCloud経由でクリップボードにコピーした内容を共有する「ユニバーサルクリップボード」が搭載されている。iOS間だけでなくMacOSとも共有できるのが特徴で、たとえば、PC上でウェブサーフィンしているときに見つけたテキストをコピーして、iPadの「メモ」アプリにペーストできる。テキストだけでなく画像ファイルを共有することも可能だ。注意点として有効期限は2分間という制限がある。また同一Apple IDでiCloudにログインする必要があり、Wi-FiやBluetooth、Handoffなどの設定を有効にしておこう。

Mac側でコピー

MacのSafariで閲覧していて、iPadにコピーしたい内容を見つけたらコピーする。

iPad側でペースト

iPad側でペーストしたいアプリを起動して、ペーストする。するとMacでコピーした内容をペーストできる。

---

4 パスワード保護されたセキュア定型文

「セキュア」カテゴリをタップすると、パスワードを登録して保護されたフレーズを登録して利用できる。他人に見られたくない定型文は、このカテゴリに登録しよう。

5 Phraseboardキーボードで定型文を簡単に入力

タップして定型文を入力

カテゴリを切り替え

テキスト入力時にキーボードをPhraseboardに切り替えれば、カテゴリを選択して登録した定型文をワンタッチで入力できる。いちいち文字を入力しなくてもいいので非常に便利。

6 セキュア定型文や位置情報の利用

位置情報を入力

セキュア定型文を使用

鍵のキーをタップし、設定したパスコードを入力すれば「セキュア」に登録した定型文を入力できる。また、位置情報を貼り付ける機能も搭載されている。

入力
INPUT

Apple Pencilが適度に滑りにくくなる

通常の使い方ではツルツルと滑って書きづらく感じることもあるPencilが書きやすくなる

コツコツ響く音も軽減される

静かな場所で使っていると結構響くPencilの音を抑えられる

ペーパーライクフィルムが不要になるかも!?

ペン先が好みに合えば、ペーパーライクフィルムは不要になる！

Apple Pencilのペン先を
カスタマイズする

柔らかいタイプのペン先に交換する方法がある！

快適に使えるApple Pencilだが、ガラスに当たる硬い感触や、響く音、滑りすぎる点などに不満を持っている人は多いだろう。もっとも一般的な解決方法としては、ペーパーライクフィルムを使う方法があるが、紙に書いているような質感を味わえるところは魅力としても、画面の光沢が常時失われたままになってしまう点が非常にデメリットだ。ここでは製品がとても充実してきている柔らかいペン先を考えてみよう。

もっとも人気を博しているのがブライトンネット製の「替え芯（ソフトタッチ）」だ。3個入りでAmazonなどで1,500円程度で購入可能。ペン先の色は黒

で、鉛筆のような雰囲気になる。ソフトタッチよりもさらにやわらかいスーパーソフトタッチ（色は赤）も発売されている。ネットの意見などを総合すると、

「ペーパーライクフィルムとまったく同じ感触とは言えないが、純正のままよりは明らかに書き味がソフトになる」という感じのようで、概ね好評だ。

また、純正のペン先にかぶせるキャップタイプの製品もあり、そちらも人気がある。ペン先が気になった人はこれらの製品を試してみよう。

ペン先の黒いブライトンネットの替え芯

本誌に登場している、くんよつさんも愛用のブライトンネット製の替え芯。くんよつさんも以前はエレコムのペーパーライクフィルムを貼っていたが、今では裸のiPadにこの黒いペン先でPencilを使っている。

KUNYOTSU Studioでは、このペン先の使用感が解説された動画もある。気になる人はチェック！

Apple Pencilの書き味を改善するグッズ

1 ソフトタッチの黒いペン先

かなり人気の高いブライトンネットの黒いタイプ。純正品より柔らかいため、耐久性はやや劣る。
■ブライトンネット「ApplePencil／ApplePencil2用替え芯（ソフトタッチ　3個セット）」
価格:1,518円（Amazon）

2 スーパーソフトタッチの赤いペン先

ブライトンネットの赤いタイプ。ソフトタッチよりかなり柔らかくなっており、書き味は相当に改善される。
■ブライトンネット「ApplePencil／ApplePencil2用替え芯（スーパーソフトタッチ　3個セット）」
価格:1,518円（Amazon）

3 純正のペン先にかぶせるキャップタイプ

10個入りで1,000円程度と安く買えるペン先キャップ。白なので違和感は少ないが、ペン先が太くなるのでやや見づらくなるところが欠点。
■FRTMA「アップルペン 1st&2nd（10個入り）滑り止めプロテクター」
価格:999円（Amazon）

Chapter 2

編集

E D I T

こんな
用途に
便利！

2つのアプリを並べて使える
複数のアプリを見比べながら作業するときに便利

アプリの上に重ねるように別のアプリを使う
メインアプリを全画面にしながらほかのアプリを使いたいときに便利

動画を再生しながらほかのアプリが利用できる
TV番組を視聴しながらメールを返信するなど、ながら作業に便利

改良され進化し続ける
iPadのマルチタスク機能を使いこなそう

**マルチタスキングの基本
Split Viewで複数の
アプリを同時に利用する**

複数のウインドウを開いて並列作業が行えるPCと異なり、iPadは1画面1ウインドウのシングルタスクが基本仕様となっている。しかし、2015年にマルチタスキング機能が追加されて以降、毎年iPadのマルチタスキング機能は少しずつ改良され使いやすくなっている。一度、マルチタスキング機能を見直してみよう。

最も代表的なのは「Split View」だ。有効にするとiPadの画面が2分割され、2つのアプリを並列表示させて利用することができる。片側でウェブサイトや電子書籍などの資料を表示し、もう片方の画面でノートアプリやテキストエディタを開いてメモを取るといった使い方が考えられる。

また、Split View起動時に表示される分割線は、ドラッグして画面分割比を5:5や7:3に変更することができる。分割表示された2つのアプリ間でファイルをドラッグ＆ドロップで受け渡しすることも可能だ。Safariで閲覧中に気になった内容をノートにメモしたり、画像を保存するときに非常に役立つだろう。

2019年にリリースされたiPadOSからSplit Viewで並列表示したアプリを解除せずバッククグラウンドで常駐させ、ほかのアプリに切り替えることができるようになった。

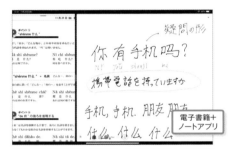

電子書籍＋
ノートアプリ

電子書籍を見ながらメモを取ったり書き取りなど勉強するときに画面を分割すると便利。

ドラッグ＆
ドロップ

画像検索＋
ファイル

Googleのイメージ検索で表示されたファイルは、「ファイル」アプリにドラッグ＆ドロップでサクサクと保存できる。

Safari＋
マップ

ブラウザで特定の場所の情報を調べながらもう片方の画面で地図アプリを起動して位置をチェックする。

Split Viewを使ってみよう

1 よく使うアプリを
Dockに登録しておく

Split Viewで起動する
予定のアプリをDock
に登録しておこう

Split Viewでアプリを複数起動するには、Dockからアプリをドラッグする必要がある。事前にSplit Viewでよく利用するアプリをDockに登録しておこう。

2 DockからSplit Viewで
利用するアプリをドラッグ

❷アプリを少し長押しして画面
端にドラッグ＆ドロップする

❶Dockを
引き出す

アプリ起動中に画面下にある白いバーを上へスワイプする。Dockが表示されたら、Split Viewで表示させたいアプリを画面端までドラッグ＆ドロップしよう。

3 Split Viewが起動して
アプリが並列表示される

ハンドルを左右
にスライドする

Split Viewに対応したアプリならSplit Viewが起動してアプリが並列表示される。分割線中央のハンドルを左右にスライドすると画面比率を変更することができる。

アプリをドラッグ＆ドロップ

新着メールのチェックやSNSのチェックに便利なSlide Over

Slide Overは、現在開いているアプリに重ねるように2つ目のアプリを表示させるiPadのマルチタスク機能だ。1つ目のアプリをフルスクリーン状態にしたまま2つ目のアプリを利用できるのがSplit Viewとの大きな違いで、また、Slide Overで表示しているアプリは左右に自由に移動させることができる。フルスクリーン状態にしたSafariでブラウジングをしながら、Slide Over上でSNSやメールなどのメッセージをチェックするときなどに便利だ。

なお、Split Viewと異なりSlide Overでは、複数のアプリを起動して利用することができる。Slide Over上で下から上へスワイプするとAppスイッチャーが表示され、前に開いていたアプリに素早く簡単に切り替えることができる。以前のように毎回Dockを起動してドラッグ＆ドロップして切り替える必要はない。

アプリ起動中に画面下の白いバー（iPad Proの場合）を上へスワイプしてDockを引き出し、2つ目のアプリを1つ目のアプリ上にドラッグ＆ドロップしよう。

ドラッグして移動する

Split Viewのように画面が分割されず、アプリが画面上に浮いたように2つ目のアプリが表示される。左右にドラッグして位置を移動できるのも特徴だ。

Dockを引き出す

1 2
3 4

右へスワイプで隠す

下から上へスワイプする

右端から左へスワイプで表示させる

画面右端にSlide Overがある場合、右側にスワイプするとアプリを隠すことができる。右端から左へスワイプすると隠れたSlide Overを表示させることができる。

Slide Over上で下から上へスワイプするとAppスイッチャーが表示される。Slide Over上で表示するアプリを選択しよう。

ここがポイント

ピクチャ・イン・ピクチャでビデオを見ながらアプリを使う

「ピクチャ・イン・ピクチャ」は映像系アプリ限定のマルチタスクアプリで、動画アプリの画面を小さくして端に寄せ、再生させたままほかのアプリを利用できる。FaceTimeやApple TVにも対応しており、相手の顔を見ながらほかのアプリを使うことも可能だ。

プレイヤー内にあるピクチャ・イン・ピクチャボタンをタップすると、小さくしてほかのアプリを利用できる。

---

4 分割線を端までドラッグする

分割線を端まで移動させる

分割線を端までドラッグすると1画面に切り替えることができる。再びSplit Viewで分割するにはDockを引き出して同じ操作を行おう。

5 左右の並びを変更する

つまみを左右へドラッグする

アプリの左右を並び替えるにはアプリ上にあるつまみを左右にドラッグしよう。

6 Split Viewを解除せずほかのアプリを使う

Appスイッチャーを起動してみよう。iPadOSからSplit Viewを解除しないままほかのアプリに切り替えることができる。

編集
EDIT

こんな
用途に
便利！

アプリ間操作の効率化

作業の流れに関連するアプリを並べて、切り替えロスを低減する

情報のインプット・アウトプットが正確になる

Webサイト見ながらのメールも効率よく行なえる

ブログや文書執筆の効率アップ

ブログや文書を書きながら写真をドラッグで挿入

Split Viewでの利用に 便利な組み合わせを大紹介!

仕事効率が良くなる オススメの 2画面組み合わせ

Split Viewが便利なシーンは多々あるものの、効率面での恩恵が多い組み合わせとなると、ある程度限定されてくる。たとえば、異なる2画面を同時に見たい場合などがそれだ。「Safari」の画面を左右に並べて、2つのWebサイトの記事を読み比べたり、SNSアプリと「Safari」、もしくは「メール」と「Safari」を同時に表示しておけば、タップしたリンクをSafari側で開くことができる。画面の切り替えが起こらないので、サクサクと効率よく情報を表示・閲覧できるのが利点だ。また、インプット時にも2画面は便利。ビジネスシーンでは、PDFや資料・メールを参考にメモやメールを作

成することがあるが、Split Viewを使えば、PCで左右にウインドウを並べるのと同じ感覚で、資料を見つつ入力できる。情報の入れ違いや内容の齟齬なども減らせるのでオススメだ。

他にも、Webサイトの情報をノートアプリにメモするシーンでも便利。アプリによってはドラッグ＆ドロップでメモできるので、長押し・アプリ選択・保存といった、面倒な3ステップを排除できる。文書に「ファイル」や「写真」から画像などを挿入するシーンでも、ドラッグ＆ドロップ操作で一瞬で挿入できるため、作業時間短縮に繋がるはずだ。もちろんこれらは一例だが、上手く使いこなせば作業効率は飛躍的に向上するので、積極的に2画面を活用していこう。

ドラッグ＆ドロップで、アプリをまたいでデータをやり取りできる

こういうシーンはSpilit Viewが便利!

①一緒に見ていて有効なもの
②情報をメモしたいもの
③ドラッグ＆ドロップしたいもの

Spilit Viewで使いたいアプリ＋アプリの組み合わせ

1 メール＋カレンダー

ドラッグで指定した日時にスケジュールを追加できる

スケジュール確認で絶対に必要で便利になる組み合わせ。メールをカレンダーにドラッグすると、すぐに予定を入れられるのを覚えておこう。

2 Safari＋SNS

SNSのURLを開くとSafari（標準ブラウザ）ですぐに表示できる

SNSアプリを開いたまま、すぐ横のSafariでリンクを表示できるのが便利。情報入手が圧倒的に効率よくなる。

3 ファイル＋メール

メールや書類にドラッグ＆ドロップでファイルを添付

「ファイル」に保存した写真やドキュメントをドラッグ＆ドロップでメールに添付できる。PCライクに使いたいなら必須の組み合わせ。

ドラッグ&ドロップを強化するYoinkで2画面操作を極める

2画面の恩恵を最も感じるのが、ドラッグ&ドロップ。ビジネスでは、Wordなどのドキュメントに「写真」や「ファイル」からドラッグで登録することも多いが、この際ファイルが一元管理されていないと、アプリ切り替えの手間が必要になってくる。

さらに効率を求めるならば、有料アプリだが、クリップボード拡張の「Yoink」がオススメだ。画像・ファイル・テキスト・URLなど、さまざまなデータをドラッグで保存でき、好きなとき、好きなアイテムをドラッグでペーストできる。たとえば、事前に書類に挿入したい写真や表を、Yoinkへと登録しておけば、データの入れ込みもアプリ切り替えなしでスムーズに行なえる。

作者／Matthias Gansrigler
価格／730円
カテゴリ／仕事効率化

Yoink

YoinkアプリをSplit Viewで表示しておけば、Webサイトや「写真」の画像をドラッグ&ドロップで手軽に一時保存できる。写真をWordやメモ、Pagesなどに貼り付けたい場合に便利だ。

Yoinkにドラッグ&ドロップでファイルを登録

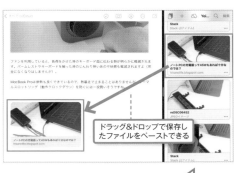

ドラッグ&ドロップで保存したファイルをペーストできる

保存した画像やテキスト、URLリンクなどは、同じくドラッグ&ドロップでペーストできる。なお、ペーストしてもYoink側のファイルはなくならないので、複数回ペースト可能だ。

Yoinkでは保存できるファイルは非常に多い。範囲選択したテキストなども保存しておくことができるので、文章を推敲するシーンなどでも活躍する。

範囲選択したテキストをドラッグ&ドロップで登録

書類のスキャンや手書きのスケッチも追加できる

複数のアイテムをスタック

ドラッグ時に既存のアイテムの上にペーストすれば、フォルダのように複数のアイテムもひとまとめにスタックできる。また、「+」ボタンからはスケッチの取り込みなども可能だ。

ここがポイント

設定を詰めれば更に快適に!

さらに作業を効率良く進めたいなら、Yoinkの設定を見直していこう。設定画面「Yoinkがすべきことは」を「自動的に保存する」に設定しておくと、コピー毎の確認がスキップされるのでオススメだ。また、「Universal Linksを使用」をオンにするとリンクを対応アプリで開いてくれる。同じくURLを普段使っている規定のブラウザで開く設定もおすすめだ。

---

4 Slack+メモ・ノートアプリ

Slackでの打ち合わせの内容を手書きメモしたり、会話の内容をビジュアルとして残したい場合などに便利。

5 写真+テキストエディタ

写真を入れ込みながらドキュメントやブログを執筆

ブログやビジネス文書の執筆時に最適な組み合わせ。写真の挿入がドラッグ&ドロップで直感的に行なえる。

6 Gmail+メール

異なるメールアプリに、同じアカウントを設定しておけば、相手から送られてきたメールの本文を表示しつつ、返信を作成することができる。

Adobe純正の注釈アプリなの安心！
純正アプリなので安定性が高く、入力した注釈はどの環境でも表示される

無料ながら高機能
無料ながら有料アプリ並みの高度な注釈ツールを搭載している

ほかのAdobe製アプリと連携できる
Adobe ScanなどほかのAdobe製品と連携すればさらに便利になる

こんな
用途に
便利！

PDFの校正・修正には
Adobe純正アプリを使おう

基本的な注釈だけなら Adobe純正の無料で 使える注釈アプリが一番

メールに添付されたPDFに注釈を書き込んだり、間違った箇所を訂正するには注釈アプリが欠かせない。この手のアプリは手書きノートアプリ同様たくさんあるが、無料で安定性の高いものを選択するならAdobe純正の「Adobe Acroboat Reader」を使おう。

Adobe Acrobat Readerでは、PDFファイルにApple Pencilを使って手書きのドローイングで修正指示を入れること

ができる。また、指定したテキストを範囲選択し、ハイライト、アンダーライン、取り消し線、メモの追加などの定番と呼べる注釈機能はすべて利用することが可能だ。

Adobe純正なのでデスクトップPCで注釈を入れたPDFを開いた場合でも、エラーになることがなくきちんと注釈リストを表示してくれる。大事なクライアントとPDF修正のやり取りをする際には欠かせないアプリといえるだろう。

iPadの標準ファイラー「ファイル」からPDFアプリを読み込めるほか、Dropboxに保存しているPDFを読み込んだり、メールに添付されているPDFを直接開いて注釈を付けることが可能だ。

作者／Adobe
価格／無料
カテゴリ／ビジネス

Adobe Acrobat Reader

Adobe Acrobat ReaderでPDFを読み込もう

メールなどに添付されたPDFを読み込むには、PDFを表示したあと、共有メニューから「Acrobatに読み込み」を選択しよう。

Adobe Acrobat ReaderからPDFを開くには、起動したら下部メニューから「ファイル」を選択する。

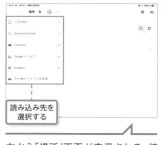

共有メニューから「Acrobatに読み込み」を選択する

「ファイル」を選択する

1 2
3 4

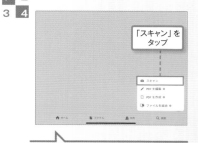

「スキャン」をタップ

読み込み先を選択する

左から「場所」画面が表示される。読み込み先を選択しよう。Dropboxから読み込めるほか、「その他のファイルの参照」からiCloud Driveにアクセスできる。

iPadのカメラで撮影したものをPDF化することもできる。右下の追加ボタンをタップして「スキャン」を選択しよう。

PDFに基本的な注釈を入力してみよう

1 PDFを開いたら 注釈メニューを表示する

「注釈」をタップ

タップ

Adobe Acrobat ReaderでPDFを開いたら、右下にある編集ボタンをタップする。メニューが表示されたら、「注釈」を選択しよう。

2 注釈箇所を範囲選択して 注釈ツールを選択する

画面上部に注釈ツールが表示される。注釈を付けたい部分を範囲選択して、上部にある注釈ツールから適当なボタンをタップしよう。

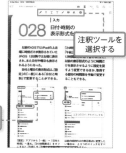

注釈ツールを選択する

注釈を付ける部分を範囲選択する

3 入力した注釈を 編集する

付けた注釈にコメントを入力したり、カラーを変更する場合はタップする。ポップアップ画面が表示される。コメントを付けたりカラーを編集できる。

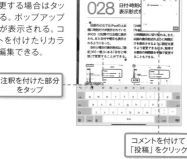

注釈を付けた部分をタップ

コメントを付けて「投稿」をクリック

Adobe Scanと連携して書類を撮影してすぐに注釈を入力する

Adobeが配信しているスキャンアプリ「Adobe Scan」と併用することで、Adobe Acrobat Readerはさらに便利になる。カメラ撮影した紙の文書を取り込みPDF化し、Adobe Acrobat Readerで素早く注釈を入力することが可能だ。

便利なのはAdobe Scanは高度なOCR機能を備えていること。紙に書かれた文字をデジタルテキストに自動で変換してくれるので、ドローイングで注釈を入れるだけでなく、文字を範囲選択して打ち消し線やハイライトをかけることが可能だ。

作者／Adobe
価格／無料
カテゴリ／ビジネス

Adobe Scan

カメラボタンをタップ

Adobe Scanを起動したら、右下にあるカメラボタンをタップ。カメラが起動するので対象の書類をかざそう。自動でキャプチャ撮影される。

カメラをかざす

❷「PDFを保存」をタップ

スキャンが終わるとレタッチ画面が起動する。下部メニューで切り抜き範囲や明るさなどの調整を行い、右上の「PDFを保存」をタップしよう。

❶レタッチツールでスキャンした書類をレタッチする

1 2 3 4

「Acrobatで開く」をタップ

スキャン終了後メイン画面に戻り、PDFに注釈を入れたい書類を選択して「Acrobatで開く」をタップする。なお、Adobe Acrobat Readerの「ファイル」の「Adobe Scan」から開くこともできる。

OCRでデジタルテキスト化した部分に注釈を入力できる

スキャンした書類をAdobe Acrobat Readerで開こう。Adobe ScanのOCR機能で文字部分はデジタルテキスト化されているため、範囲選択して注釈を入力できる点がメリット。

ここがポイント

共有リンクを作成してほかのユーザーに受け渡す

Adobe Acrobat ReaderはAdobeのクラウド機能を利用して共有リンクを作成することもできる。作成したリンクをクリックすれば、誰でもPDFファイルをダウンロードすることが可能だ。メールやメッセージにURLを貼り付けて相手に送信しよう。

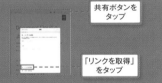

共有ボタンをタップ

「リンクを取得」をタップ

4 注釈リストを表示する

付けた注釈、または相手が付けた注釈を一覧表示するには、右上の注釈リストボタンをタップしよう。ページごとに付けた注釈が一覧表示され、タップするとその場所に移動する。

タップして注釈リストを表示する

5 テキスト入力を行う

テキストを入力する場合は「Ab」ボタンをタップする

「入力と署名」をタップ

テキストを入力したり、署名を入力する場合は、右下の編集ボタンをタップして「入力と署名」を選択する。「入力と署名」ツールが表示され、テキスト入力が行える。

6 署名を入力する

クリック

手書きのサイン、署名をPDFに入力する場合は、サインボタンをクリック。署名入力画面が表示されるので手書きでサインを入力しよう。ドローイングと異なり、サインは保存して再利用できる。

サインを入力する

059

編集 EDIT

こんな用途に便利！

iPad上で手書きの注釈が入れられる
Apple Pencilと豊富なツールでPDFファイルに手書きで細かな修正指示が入れられる

あらゆる場所から読み書きが可能
iPad内だけでなく、クラウドストレージなどありとあらゆるファイルを操作できる

iPad上で直接PDFを編集できる
「編集」モードを使えば直接自分でPDF内容を書き換えられる

編集から加工・管理までなんでもできる　上級者用PDF注釈アプリを使おう

Adobeと互換性の高い人気の多機能注釈アプリ

　PDFをちょっと編集するだけなら、Adobe純正のPDF注釈アプリで十分だが、より詳細な注釈機能を利用したいなら「PDF Expert」がおすすめだ。

　PDF Expertは、iPad上でPDFを開いて直接注釈を入れることができるアプリだ。付箋を付けて注釈指示をしたり、スタイラスペンを使って手書きで指示が行える。Apple Pencilとの相性は抜群で、普通の紙にペンで校正を行うように自然な書き込みが行える。Dropbox、Googleドライブなど主要クラウドサービスだけでなく、PDF Expertから公開URLの作成も可能だ。

　ほかのアプリと決定的に異なるのは「編集」モードの存在だ。課金機能になるものの、PDF内のテキスト、画像、レイアウトを直接自分で編集することができる。また、ファイラーとしても優れており、iPad上にあるPDFをフォルダ分類したり、コピー、リネーム、移動、削除、圧縮などが行える。注釈、編集、管理にいたるまであらゆる作業をこのアプリ1つでできる。

　最新版のバージョン7以降ではインターフェースが一新された。チェックマークを付けたり署名を付けるなど、記入を行うときに便利なメニューが追加された。

作者／Readdle Inc.
価格／無料(App内課金あり)
カテゴリ／仕事効率化

PDF Expert

PDF Expertの注釈画面を理解しよう

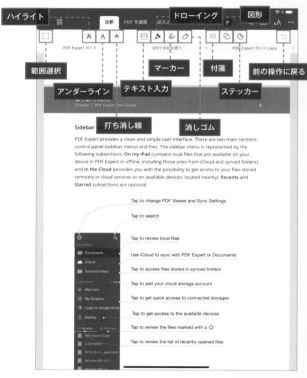

ハイライト／注釈／PDFを編集／記入／ドローイング／図形／範囲選択／マーカー／付箋／前の操作に戻る／アンダーライン／テキスト入力／ステッカー／Sidebar／打ち消し線／消しゴム

PDF ExpertでPDFに注釈を付けてみよう

1 注釈を入れたい場所を範囲選択する

注釈を入れたいテキストの箇所をApple Pencilや指でドラッグして範囲選択する。表示されるメニューもしくは上のツールバーから注釈操作を選択しよう。

メニューから操作を指定する

注釈を入れる部分を範囲選択する

2 注釈を入れた部分にメモを追加する

注釈を入れた部分にメモを追加したい場合はタップする。メニューが表示されるので「メモ」をタップしよう。メモが表示されるのでテキストを入力する。

3 カラーやサイズを調節する

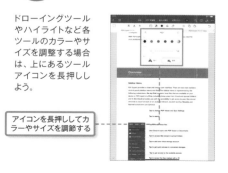

ドローイングツールやハイライトなど各ツールのカラーやサイズを調整する場合は、上にあるツールアイコンを長押ししよう。

アイコンを長押ししてカラーやサイズを調節する

クラウドやPCだけでなく ウェブページをPDF化 して取り込むことも可能に!

　PDF Expertは外部にあるファイルを読み込む方法がかなり多彩なのが特徴だ。Split Viewでドラッグ&ドロップで登録できるほか、iCloud Drive、Dropbox、Googleドライブ、OneDriveなど主要サービスすべてに接続してファイルを直接読み込むことができる。ほかにFTPサーバやWebDAVに接続することもできる。一度接続したサービスはサイドメニューからすぐにアクセスできファイルのやり取りはスムーズに行える。

　SFTP転送にも対応しており、近くにあるMacやWindowsパソコンに接続してファイルを読み込むことも可能だ。

　また、現在のSafariでは表示しているページをPDF形式に変換することができ、PDF化したページをPDF Expertと共有することができる。ブログ記事の校正をするときに便利な機能なのでぜひ活用しよう。

クラウドストレージから読み取る

サイドメニューの「接続先を追加」をタップ。ストレージサービス名を選択して、利用しているアカウント情報を入力すると登録できる。

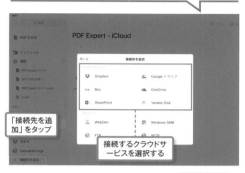

「接続先を追加」をタップ

接続するクラウドサービスを選択する

よく使うフォルダは同期させよう!

ストレージにアクセスできたら、ファイルやフォルダ横にあるメニューボタンをタップして「ダウンロード」をタップしよう。頻繁に利用するフォルダは同期するとさらに便利だ。

ダウンロードをタップ

メニューボタンをタップ

マークアップをタップ

「PDF Expertにコピー」をタップ

共有メニューをタップ

共有メニューをタップ

1　2
3　4

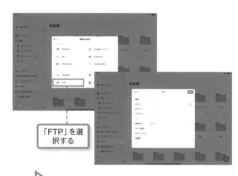

「FTP」を選択する

ウェブページをPDF形式で取り込む

Safariで開いているページをPDF形式で取りこむには、共有メニューから「マークアップ」をタップし、再び共有メニューを開き、「PDF Expertにコピー」をタップすればよい。

FTPサーバに接続してファイルをダウンロード

FTPサーバに接続する場合は、サイドメニューの「追加」から「FTP」を選択してFTPサーバの情報を入力しよう。なお、このあたりの操作性は同じReaddle社の無料アプリ「Documents」とも共通なので、118ページの記事も参考にしよう。

118ページの記事も参考にしよう。

［ここがポイント］

**画像ファイルを
読み込んで
PDFに変換できる**

PDF ExpertはPDFファイルだけでなく、画像、音楽、動画、iWork、MS Office、PowerPointなどさまざまなファイルを読み込んで閲覧できる。また画像ファイル関してはそのままPDF形式に変換して、写真に注釈を付けることもできる。

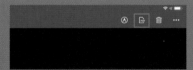

PDF Expertで画像を開き、右上のメニューボタンをタップして「PDFに変換」をタップしよう。

---

4 「記入と署名」タブで PDFへ記入を行う

署名用PDFにサインやハンコ、チェックマークを入れる場合は「記入と署名」タブに切り替えよう。署名用PDFに便利なツールが利用できる。

5 PDFを直接編集する

サブスクリプションによるプロ機能を購入すると「PDFを編集」タブでPDFを直接編集できるようになる。画像を追加、移動したりテキストを削除したりフォントサイズを変更できる。

6 PDFのページ順を 変更する

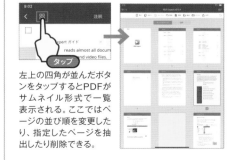

タップ

左上の四角が並んだボタンをタップするとPDFがサムネイル形式で一覧表示される。ここではページの並び順を変更したり、指定したページを抽出したり削除できる。

こんな
用途に
便利！

iPadからMacをコントロールできる
Macの画面をiPadに表示して、タッチ操作でコントロールできる

Macの作業領域を広げる
「個別のディスプレイ」にすれば、デスクトップがより広く使える

非対応機種でもOK
アプリを使えば古いiPadもMacのサブディスプレイになる

Macユーザーなら
超絶便利なサイドカーを使おう

iPadがMacの外部ディスプレイに！しかもワイヤレスで！

　iPadOS 13以降、macOS Catalina（10.15）以降で利用できるようになった「Sidecar（サイドカー）」は、iPadのディスプレイをMacの外部ディスプレイにできる機能だ。MacとiPadは、ケーブルでつなぐ必要すらなくメニューを選択するだけでOKな上、ワイヤレスなのにほとんど遅延がない点は驚きだ。

　画面の表示方法は2種類あり、Macの画面をそのままiPadに映す「ミラーリング」と、MacのデスクトップをiPadのディスプレイのぶん拡張する「個別のディスプレイ」のいずれかを選択できる。前者はiPadからMacをリモートコントロールする場合（Macのグラフィック系アプリでApple Pencilを液タブのように使う場合など）に使い、後者はそれぞれのディスプレイに別アプリのウインドウを表示するなどして作業効率をアップできる。

　残念ながら、サイドカーでは外出先に持ち出したiPadから自宅のMacをコントロールするようなことはできず、iPadとMacを同じWi-Fiルーター（Wi-Fiアクセスポイント）に接続したうえ、両者で同じApple IDでサインインする必要がある。

　なお、サイドカーの機能を利用できるのは、Apple Pencilに対応したiPad（第6世代以降）シリーズ、iPad Proとなっている。

個別のディスプレイ

ディスプレイ拡張！

「個別のディスプレイ」では、MacのデスクトップがMac+iPadの2画面ぶんに拡張され、それぞれ別々のウインドウを表示するなどして、広く使うことができる。

ミラーリング

iPadでMacのアプリを操作！

「ミラーリング」では、MacとiPadでまったく同じ内容が表示される。iPadからMacのファイルやアプリを操作したい場合などにこの表示方法を選択しよう。

サイドカーを使う

1 iPadでサインインする

iPadの「設定」アプリのメニュー最上部にあるアカウントの画面から、Apple IDを使ってサインインする。

2 Macでサインインする

続けて、Macでもシステム環境設定の「Apple ID」の画面から、iPadと同じApple IDでサインインする。

3 接続先のiPadを選ぶ

接続先iPadをクリック

AirPlayアイコンをクリック

MacとiPadが同じWi-Fiルーターにつながっていると、MacのメニューバーにAirPlayアイコンが表示される。これをクリックして接続先iPadを選択する。

サイドカーの基本操作を覚える

「個別のディスプレイ」と「ミラーリング」は、MacのメニューバーのAirPlayアイコンをクリックすると表示されるメニューから切り替えられる。また、個別のディスプレイの表示方法を選択しているときに、iPadとMacのディスプレイの位置関係を変更することもできる。個別のディスプレイ時には、マウスポインタをそれぞれの画面端に動かすことで、お互いの画面を行き来できるが、ディスプレイの位置関係次第でマウスポインタを動かす位置が変わる。

個別のディスプレイの初期設定では、Macのディスプレイがメイン、iPadがサブとなるが、iPadのディスプレイをメインにすれば、iPad側からMacをリモート操作できるようになる。

MacBook Proの2016年モデル以降であれば、iPadの画面にTouch Barが表示され、その位置も変更可能だ。

1 個別のディスプレイとミラーリングの切り替え

AirPlayアイコンのメニューから、「個別のディスプレイとして使用」を選択すると個別のディスプレイに、「(Macのディスプレイ)をミラーリング」を選ぶとミラーリングになる。

2 MacとiPadの位置関係を変える

AirPlayアイコンのメニューから、「"ディスプレイ"環境設定を開く」を選択。「Sidecarディスプレイ」の「配置」の画面には、MacとiPadの位置関係が表示される。どちらかのディスプレイをドラッグして位置関係を変更できる。

3 操作主体を変える

個別のディスプレイ時には、どちらかのディスプレイをメインにして、そちらを操作する。メインに切り替えるには、MacとiPadのいずれかにマウスポインタを移動し、どこでもいいのでクリック(タップ)すればいい。

4 Touch Barやサイドバーの位置を変える

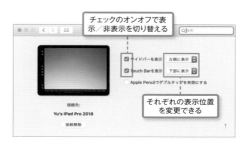

AirPlayアイコンのメニューから「Sidecar環境設定」を選ぶと表示される画面で、iPad側のサイドバーやTouch Barの表示／非表示の切り替え、表示位置の変更ができる。

---

4 Macの画面がiPadに表示される

iPadのディスプレイにMacのデスクトップとサイドバーが表示される。初期設定では「個別のディスプレイ」となり、どちらかのディスプレイには壁紙とメニューバーのみが表示される。

5 ほかのアプリに切り替えられる

サイドカーの利用中でも、iPadではホーム画面に戻ったり、ほかのアプリに切り替えたりできる。その際、Dockにサイドカーのアイコンが表示されるので、これをタップすればMacの画面表示に戻る。

6 接続を解除する

メニューバーのAirPlayアイコンのメニューから「接続解除」を選ぶか、サイドバーの「接続解除」ボタンをタップすると、MacとiPadの接続が解除される。

iPadをペンタブにして手書き注釈を入れる

サイドカーの使い方の中でも特に便利でおすすめしたいのが、iPadをペンタブレット（ペンタブ）代わりにして、Mac側のPDFファイルに注釈などを手書きできる「連携マークアッ

ブ」だ。Apple Pencilなどのペンデバイスを使えば、まるで紙の書類に書き込んでいるような感覚で作業できる上、Mac側、iPad側それぞれでアプリを起動することも、PDFファイルをどちらかに送信するといったことも必要ない点がうれしい。

連携マークアップを行うには、事前にサイドカーで個別のディスプレイにしておき、Macのクイックルックで目的のPDFファイルを開いたら、下の手順のように操作すればいい。iPadには、ペンの色や種類などを自由に切り替えられるマークアッ

プツールが用意されているので、これを使ってPDFファイルに手書きしよう。

クイックルックでPDFを開く

「マークアップ」ボタンをクリック

Macの画面

サイドカーで個別のディスプレイにした状態で、MacでPDFファイルを選択し、スペースキーを押してクイックルックで開く。画面上部の「マークアップ」ボタンをクリックする。

iPadの画面にPDFを表示する

❶「連携マークアップ」ボタンをクリック

❷iPadをクリック

iPadの画面

PDFファイルが自動的にiPad側のディスプレイに表示される。自動的に表示されない場合は、Mac側で「連携マークアップ」ボタンをクリックし、メニューから表示先のiPadをクリックする。

iPadで注釈を手書きする

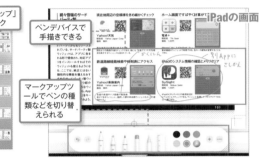

iPadの画面

ペンデバイスで手描きできる

マークアップツールでペンの種類などを切り替えられる

iPadのディスプレイにPDFファイルが表示されたら、Apple Pencilなどを使って注釈を書き込む。ペンの切り替えなどは画面下部のマークアップツールから。書き込みが終わったら、「完了」をタップする。

ここがポイント

指でのタッチ操作はできない

サイドカーではiPadからMacを操作できるが、残念ながらiPadの画面に直接指で触れて、Macでのクリックやドラッグといった操作はできない。原則として、すべての操作はApple Pencilを使うことになる点に注意しよう。なお、サイドバーとソフトウェアキーボード、対応機種の場合はTouch Barは、指による操作が可能になっている。

クリックしてアイコンを選択、ウインドウをスクロールといった、Macの画面に対する操作はすべて、Apple Pencilを使う。

ウインドウを操作する

1 マウスポインタを移動する

ディスプレイの配置に応じて、マウスポインタを移動させる

サイドカーの表示方法が個別のディスプレイになっている際、マウスポインタはそれぞれの画面端に動かすことで、もう一方のデバイスに表示が移動する。

2 ウインドウをドラッグして移動する

ドラッグする

表示方法が個別のディスプレイの場合は、MacとiPadのディスプレイに別のウインドウを表示できる。ウインドウをもう一方に移動するには、ウインドウを画面端までドラッグする。

3 ウインドウが移動する

ウインドウがもう一方のディスプレイに移動する。ドラッグする位置は、MacとiPadのディスプレイの配置によって変わる点に注意。

サイドカー非対応の iPadでも使える 「Duet Display」

前述のとおり、サイドカーは比較的新しいiPadとMacでないと利用できないが、非対応デバイスでもサイドカーと同様のことができるアプリがある。それが「Duet Display」だ。Duet Displayを利用するにはMac側にも「Duet」という無料アプリをインストールしておく必要がある。

Duet Displayではケーブルによる接続にも対応しているため、サイドカーと比べて接続が安定するメリットがある。また、Windowsパソコンとも接続できる点はサイドカーにはないアドバンテージだ。アプリ内課金でプロ版にアップグレードすれば、Apple Pencilによるスケッチ機能も利用できるようになる。

d
作者／Duet, Inc.
価格／1,220円
カテゴリ／仕事効率化

Duet Display

1 Duet Displayを入手する

iPadOS版のDuet Displayは、App Storeから入手可能。iOSとのコンパチブルアプリなので、iPhoneやiPod touchも、Macのセカンドディスプレイとして利用できる。

2 Mac版アプリを入手する

Duet Displayを使うには、Mac版アプリの「Duet」も必要。Duetは公式サイト（https://ja.duetdisplay.com）から無償で入手できる。Windows版アプリも同様だ。

3 MacとiPadを接続する

MacのDuet、iPadのDuet Displayをそれぞれ起動した状態で、お互いをケーブルで接続すれば準備は完了。サイドカー同様に個別ディスプレイとミラーリングが選べるほか、映像品質も変更できる。

4 プロ版でさらに便利に

アプリ内課金で「Air」あるいは「Pro」にアップグレードすれば、より精細な表示や、Apple Pencilなどによる筆圧検知機能などを利用できる。いずれも年額のサブスクリプション購入となる。

ここがポイント

まだある、 iPadディスプレイ化 アプリ

ここで紹介したDuet Display以外にも、サイドカーに非対応のiPadやMacでも使えるアプリはある。
「Luna Display」は、専用ハードウェアドングルと組み合わせることで、外部ディスプレイに接続したかのような抜群のパフォーマンスを実現する。Astropadはペンタブレット的にiPadを使う用途に特化している。このように個性がそれぞれ異なるので、目的に応じて選ぶといいだろう。

---

4 すべてのウインドウを まとめて移動する

「ウインドウを集める」をクリック

システム環境設定の「ディスプレイ」の画面で、「ウインドウを集める」ボタンをクリックすると、この画面が表示中のディスプレイに、現在開いているすべてのウインドウが移動する。

5 アプリごとに ウインドウを移動する

「ウインドウ」をクリック

「（デバイスの名前）に移動」をクリック

Safariをはじめとするアプリの「ウインドウ」メニューには、「（デバイスの名前）に移動」という項目が用意されている。これを選択すると、そのアプリで開いているウインドウがもう一方のデバイスに移動する。

6 ボタンから ウインドウを移動する

長押しする

「（デバイスの名前）に移動」をクリック

ウインドウ左上にある3つのボタンのうち、緑色のボタンを長押しすると、メニューが表示される。ここから「（デバイスの名前）に移動」をクリックしても、もう一方のデバイスのディスプレイにそのウインドウが移動する。

こんな
用途に
便利！

大容量ファイルのやり取りを行う

ダウンロード用リンクを作成すれば大きなファイルも簡単に受け渡せる

ほかのユーザーと共同作業をする

共有フォルダを作成してほかのDropboxユーザーとファイルを共有する

だれでもアクセス可能なファイルを作成する

ダウンロード用リンクのURLを知っていればだれでもアクセスできる

Dropbox便利講座① ウェブを介して ほかのユーザーとファイルを共有する

便利な共有機能を利用して 他人とスムーズにファイルの やり取りをしよう

「Dropbox」は誰もが知っている定番アプリだが、PC版やスマホ版Dropboxとの間でファイルを同期するぐらいしか活用する方法を知らないというユーザーは意外と多い。Dropboxには、ただ複数のデバイスでファイルを同期するだけでなく、仕事に役立つ機能が豊富に備わっている。

Dropboxにはファイル共有機能が搭載されており、Dropbox上に保存しているファイル

を簡単な操作でほかのユーザーに受け渡すことが可能だ。特にメールに添付できないような巨大なサイズのファイルのやり取りを行う際にDropboxの共有機能は大変役立つ。相手がDropboxのアカウントを所持してなくても、ダウンロード用のURLさえ知っていれば誰でもダウンロードできる点が大きな魅力だ。

また、ファイルをダウンロードする際は、自動で圧縮操作もしてくれるので、自分で圧縮ツールを利用する必要はない。圧縮作業はDropboxのクラウドサーバ上で行うこともあり、WindowsやMacなど異なるOS間で生じがちな解凍エラーが少ない点もDropboxの大きなメリットだ。

作者／Dropbox
価格／無料
カテゴリ／仕事効率化

Dropbox

Dropboxのファイル共有機能のしくみ

Dropboxでファイルを受け渡す

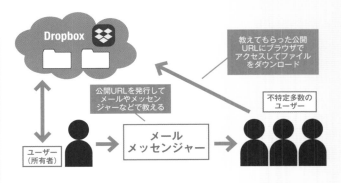

・数百MBから数GBあるファイルも共有できる

・ダウンロードリンクを知っていれば誰でもダウンロードできる

・自動でZIP形式に圧縮してくれる

※現在のDropboxの無料プランでは、同期できる台数は3台までとなっている。

Dropbox上のファイルをほかのユーザーにダウンロードしてもらおう

1 ファイル名下の 「共有」メニューをタップ

共有したいファイル名下のメニューボタンをタップして「共有」を選択しよう。

2 「リンクを作成」を クリックする

共有設定画面が表示される。ダウンロードリンクを作成して、誰でもダウンロードできるようにするには右下の「リンクを作成」をタップしよう。

3 「リンクをコピー」をタップ してクリップボードにコピー

「リンクを作成」をタップすると共有メニューが表示される。「リンクをコピー」を選択すると公開用URLがクリップボードにコピーされる。

Dropboxユーザー同士で特定のフォルダを共有して同期する

　複数のユーザーと特定の共有フォルダ作って企画書やエクセルなどを共有したい場合は共有フォルダを活用しよう。

　DropboxではDropbox上にある特定のフォルダをほかのユーザーと共有することができる。管理者から権限が与えられたユーザーのみ共有フォルダにアクセスして、内容を自由に編集することが可能だ。ファイルにはコメントを付けることもできる。なおこの共有機能は Dropboxユーザー同士でないと利用することができない。

　ダウンロードリンクを作成して共有する場合と異なるのは、編集したファイルの内容が、参加ユーザーが所有している共有ファイルにも反映されること。たとえば、共有ファイルを削除すると相手の環境でもファイルが消えてしまうので注意しよう。共有機能を利用する際は、事前に相手のDropboxの空き容量を確認しておくことも重要だ。共有状態にしたファイルのサイズ分だけ相手のストレージ容量をしてしまうためだ。数GB以上あるファイルを共有作業する場合は特に注意しよう。

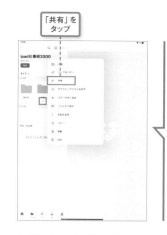

「共有」をタップ

ほかのユーザーと共有したいフォルダのフォルダ名下にあるメニューボタンをタップして「共有」をタップする。

共有相手のDropboxアカウントを入力する

「編集可能」をタップ

「送信先」で共有したいユーザーのDropboxアカウント、またはメールアドレスを設定。続いて「編集可能」をタップする。

1 **2**
3 **4**

アクセス権を設定する

アクセス権を設定しよう。相手もファイルの編集を可能にするなら「編集可能」にチェックを入れる。設定したら前の画面に戻る。

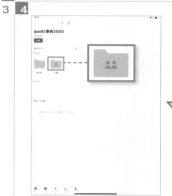

共有画面に戻ったら「送信」をタップすると相手に招待メールが送信される。相手が承認するとフォルダが共有され、アイコンが変化する。

5 **6**

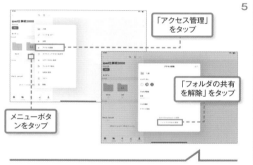

「アクセス管理」をタップ

「フォルダの共有を解除」をタップ

メニューボタンをタップ

フォルダ共有を解除するには、フォルダ下のメニューボタンをタップして「アクセス管理」をタップしよう。そして「フォルダの共有を解除」をタップ。

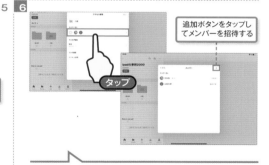

追加ボタンをタップしてメンバーを招待する

タップ

共有メンバーを新たに追加する場合は、「アクセス管理」画面で、メンバーをタップして、招待するメンバーのDropboxアカウントを追加しよう。

---

4 作成したリンクをメールに貼り付けて送信する

クリップボードに作成された公開URLをメールやメッセージ、SNSなどで教えよう。記載されたURLを開けばファイルをダウンロードできる。

5 共有アイテムのリンクを削除する

共有したファイルのリンクを削除するにはファイル右下のメニューを開き、「アクセス管理」をタップする。

「アクセス管理」をタップ

6 リンクを削除をタップ

リンク設定画面にある「リンクを削除」をタップすると共有が解除される。

「リンクを削除」をタップ

こんな用途に便利！

紙の書類をインポートする
ドキュメントスキャンで紙を撮影するだけでDropboxに保存できる

複数の書類をPDFとしてまとめる
ドキュメントスキャンなら複数の書類を撮影してPDFとして1つに結合することができる

オフィスファイルを編集する
ほかのアプリと連携してDropbox上のオフィスファイルを素早く編集する

Dropbox便利講座② オフィスワークの生産性を高めるテクニック

書類をカメラスキャンしてPDF形式でまとめてDropboxに保存する

DropboxはPC版とiOS版があるが、両者で機能は異なる。iOS版Dropboxでは「ドキュメントスキャン」というPC版にはない機能が搭載されている。これは、スマホやタブレットのカメラを利用して撮影した紙の書類をDropboxに保存する便利な機能だ。撮影した書類は色彩の調整やトリミングなど簡単なレタッチも行える。なお、オフラインでもスキャンすることができ、インターネットに接続

したときにスキャンした書類を自動でアップロードしてくれる。

また、複数のページからなる書類を連続撮影し、それらを連結してPDF形式で保存することができる。1度に10ページまでスキャンすることができ、スキャンした書類から作成されたPDFのページの順番は自由に並び替えることができ、PDF内の文字列はキーワード検索することも可能だ。なお、1枚だけ撮影した場合はPDF形式のほか、PNG形式で保存することもできる。

さらに、Dropbox Businessユーザーの場合は、PDFファイルに限り、OCR機能を利用して文字からテキストデータに変換することもできる。

作者／Dropbox
価格／無料
カテゴリ／仕事効率化

Dropbox

ドキュメントスキャンを利用するには、下部メニュー真ん中にある「作成」ボタンをタップして「ドキュメントスキャン」を選択する。

「ドキュメントをスキャン」をタップ

1

3

撮影した書類をレタッチする

「完了」をタップ

レタッチ画面が表示される。フィルターやコントラスト、切り取り範囲を調節したら「完了」をタップしよう。

カメラが起動するので、Dropboxに取り込みたい書類をかざそう。縁の部分を自動認識して青枠で表示してくれる。認識後、シャッターボタンをタップしよう。

タップ

2

4

「保存」をタップ

ファイル形式を指定する

保存先を指定する

1枚だけスキャンした場合は、PNG形式かPDF形式が指定できる。保存先フォルダを指定して、「保存」をタップしよう。

複数の書類をスキャンしてPDFとして1つにまとめる

1 複数の書類をスキャンする

複数の書類をスキャンしてPDFとして1つにまとめる場合は、カメラ撮影後のレタッチ画面で左下端にある追加ボタンをタップする。

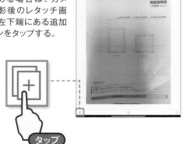

タップ

2 続けて書類をカメラ撮影する

カメラ画面が起動するので、2枚目の書類を撮影しよう。同じように3枚目、4枚目の書類も撮影していこう。

3 複数の書類の撮影時はPDF形式で保存される

複数の書類をスキャンして結合する場合、ファイル形式はPDF形式しか選択することができない。画質と保存先を指定して「保存」をタップしよう。

タップしてPDF形式で保存する

DropboxはExcelやPDF編集アプリなどほかのアプリとの連携性が高い

PDFアプリと連携したりPDF内のテキストを検索することができる。

DropboxはPDFファイルを管理するための機能が多数搭載されている。事前にAdobe Acrobat Readerをインストール

していれば、Dropbox上からすぐに注釈を付けて上書き保存することができる。わざわざほかのPDFアプリから読み込んで書き出す必要はない。検索機能を搭載しており、PDF内から指定したキーワードが含まれる部分

をハイライト表示することができる。複数のページからなるPDFはサムネイル表示させることも可能だ。

MSオフィスアプリとの連携性も高い。事前にiPadにワードやエクセルをインストールして

おけば、Dropbox上でオフィスファイルを開くと編集メニューが表示される。編集メニューから直接MSオフィスアプリで開いて編集し、上書き保存することが可能だ。

---

1 編集したいPDFを選択して、下にある「開く」をタップする。Adobe Acrobat Readerで注釈を入れるなら「Adobe Acrobat Reader」を選択する。

「Adobe Acrobat Reader」を選択する

2 Adobe Acrobat Readerが起動する。注釈を入れる場合は画面右下端の編集ボタンをタップして注釈」をタップ。

注釈ボタンをタップ

3 注釈画面になる。画面上部にある注釈ツールを使って注釈を入れていこう。最後に左上の「完了」をタップで注釈を完了させる。

4 PDF内から文字列を検索する場合は、Dropboxで対象のPDFを選択して、右下の検索ボタンをタップして、キーワードを入力しよう。

❷キーワードを入力する
❶検索ボタンをタップ

---

5 PDFに署名をする場合は、Dropbox上でPDFを開いて下にある「開く」をタップ。「テキストまたは署名を追加」をタップする。

「テキストまたは署名を追加」をタップする

6 署名画面が開く。右下にあるメニューから署名を行う。手書きで署名を行う場合は中央のペンボタンをタップする。

ペンボタンをタップ

7 Dropbox上でエクセルファイルを開いたところ。編集する場合は右下にある編集ボタンをタップして「Microsoft Excel」をタップしよう。

8 iPadにインストールしているExcelアプリが起動し、直接編集が行える。左上の保存設定ボタンから保存や自動保存設定の切り替えが行える。

上書きしないなら「自動保存」をオフにする

ここがポイント

新しいファイル共有機能「Dropbox Transfer」

共有でのファイル受け渡しの問題として、共有後のファイルに内容変更を加えると、相手が所有しているファイルにも内容が反映される点がある。共有ではなく現在のファイル状態をコピーしたものを送信したい場合は「Dropbox Transfer」を利用しよう。無料プランの場合は最大100MB、Plus版の場合は最大2GBまで送信でき、パスワード設定のほかダウンロードの有効期限も指定することができる。

ファイルを転送

ブラウザでDropboxにアクセスし、左メニューから「Transfer」をタップしよう。

編集
EDIT

こんな用途に便利!

無料で5GBのストレージが利用できる
マイクロソフトのアカウントを取得しているだけで利用できる

無料ながら接続端末数が無制限
Dropboxのように接続端末数に制限がない

Officeアプリとの連携性が高い
Word、Excel、PowerPointで編集したファイルをすぐに保存できる

OneDriveもとても便利なクラウドストレージだ!

同期の台数無制限 Officeファイルとの連携性が抜群!

2019年、Dropboxは規約を改定し無料プランで同期できるデバイスは3台に制限すると発表。有料プランに切り替えればこれまで通り無制限にデバイスの接続が可能だが、これを機にほかのストレージサービスも検討し始めた人も多いだろう。

「OneDrive」はマイクロソフトアカウントを取得していれば、無料で5GBのストレージが利用できる。Dropboxとインターフェースが似ており初めてでも直感的に利用でき、また共有リンクを作成したファイルをほかのユーザーと共有したり、指定したオフラインで閲覧・編集する

ことができるなど、Dropboxの定番機能の多くは利用できる。

Dropboxにはないメリットも多い。マイクロソフトのサービスだけあってOffice製品との連携性は抜群。Officeアプリを事前にインストール、Microsoft 365と契約していれば、直接Word、Excel、PowerPointのファイルを編集できる。逆にOffi

ceアプリで編集したファイルを直接OneDriveに保存することも可能だ。Officeファイルを日常的に閲覧・編集するユーザーなら乗り換えてもよいだろう。

作者／Microsoft Corporation
価格／無料
カテゴリ／仕事効率化

Microsoft OneDrive

OneDriveはDropboxとここが違う!

無料で無制限に デバイス接続ができる

無料版Dropboxは1つのアカウントに3台までしか接続できないが、OneDriveなら無料で無制限に接続できる。

Officeアプリとの連携性が高い

Officeファイルをタップ → 直接編集できる

Officeアプリを閲覧するだけでなく、各Officeアプリを事前にiPadにインストールしておけば編集することもできる。編集したファイルは自動的にOneDriveに保存される。

ここがポイント

無料でOfficeアプリを編集するには10.1インチ以下のiPadである必要がある。具体的にはiPad miniとiPad（第6世代以前）、9.7インチのiPad Proとなる。iPad Proユーザーの多くは有償のOffice 365を契約する必要がある。

OneDriveの基本的な操作を行おう

1 マイクロソフトアカウントでログインする

初めて起動するとログイン画面が表示される。ここでは普段利用しているマイクロソフトアカウントを入力する。持っていない人は「新規登録」からアカウントを取得しよう。

マイクロソフトアカウントを入力する

2 ファイルをアップロードする

ファイルをアップロードするには、右上の追加ボタンをタップして「アップロード」を選択してファイルを選択しよう。カメラ撮影した画像を直接アップロードすることもできる。

「アップロード」を選択する

「ファイル」を選択する

3 Officeファイルを直接開くことができる

アイコンをタップ → Officeアプリを編集する

Word、Excel、PowerPointなどのOfficeファイルは閲覧するだけでなく、事前に各Officeアプリをインストールしていれば、上部アイコンをタップして、即編集ができる。

紙の書類を取り込むなら Office Lensを併用しよう

Dropboxには複数の紙の書類を撮影して1つにつなげてPDF保存する「ドキュメントアップロード」という便利な機能がある。OneDriveには残念ながらこの機能は搭載されていない。そこで「Office Lens」を使おう。

Office LensはiPadで撮影した書類をレタッチしてPDF、Word、PowerPoint形式のファイルに変換して保存できるアプリ。マイクロソフト製だけあって取り込んだデータはOneDriveに直接保存することができる。

作者／Microsoft Corporation
価格／無料
カテゴリ／仕事効率化

Microsoft Office Lens

Office Lensを起動したら書類をカメラにかざす。取り込み範囲枠が表示されたら調整してシャッターボタンをタップしよう。

シャッターボタンをタップ

写真が取り込まれる。下のツールでトリミングやレタッチを終えたら完了をタップしよう。

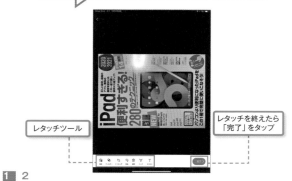

レタッチツール

レタッチを終えたら「完了」をタップ

「OneDrive」を選択する

エクスポート先選択画面が表示されたら、「OneDrive」を選択しよう。ほかにWordやPowerPointなどOfficeアプリに直接保存することもできる。

OneDriveを選択して画像形式として保存した場合、画像フォルダに保存されている。PDF形式で保存した場合はドキュメントフォルダに保存される。

ここがポイント

OCR機能を使って PDF形式で保存する

Office LensにはOCR機能が搭載されており、撮影した書類をPDF形式で保存すれば、書類上に書かれている文字列をテキストデータとして認識することができる。認識精度はいまいちだが、書類上の文字列を範囲選択してコピーし、メモアプリなどほかのアプリにペーストできるのは便利だ。

エクスポート時に「PDF」を選択すれば、書類上の文字列をテキストデータに変換することができる。

---

4 ファイルを共有する

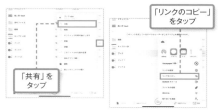

「リンクのコピー」をタップ

「共有」をタップ

ほかのユーザーとファイルを共有するには、ファイル右横のメニューボタンをタップして「共有」をタップ。続いて表示されるメニューで「リンクのコピー」をタップしよう。

5 写真を自動で アップロードする

撮影した写真を自動でアップロードするには、下部メニュー右端の「写真」をタップして「カメラのアップロード」を「オン」にしよう。

「写真」をタップして自動アップロードを有効にする

6 「新しいウインドウで開く」でSplit Viewを起動する

「新しいウィンドウで開く」をタップ

Split Viewにも対応しており、ファイル右横のメニューから「新しいウィンドウで開く」をタップすると、Split Viewが起動してファイルが並列表示される。

こんな
用途に
便利！

iPadでプロ向け環境を再現できる
デザインのプロの現場で使われるアプリがiPadに完全対応

これからイラストを始めたい人でもOK
Apple Pencil対応で、初めての人でも簡単に使える

写真のイラスト化やロゴデザインもできる
写真のトレースやロゴ制作に便利な機能を搭載

満を持して登場した「Adobe Illustrator」を使う!

待望の本格派ドローアプリがiPadとApple Pencil対応!

Illustratorはその名のとおり、イラスト制作などの現場に愛用者が多い、プロ向けの本格派ドローアプリだ。その最大の特長は、画面上で拡大しても輪郭のギザギザが一切ない、滑らかな線を描くことができる点で、こうした線で描かれた画像のことを、ベクター画像と呼ぶ。

iPad版のIllustratorは、レイヤーやアピアランスといった、デスクトップ版アプリの主要な機能を継承しながら、操作系統

作者／Adobe Inc.
価格／無料(App内課金あり)
カテゴリ／グラフィック／デザイン

Adobe Illustrator

がタブレット向けに最適化され、これまでの愛用者はもちろん、これからイラスト制作を始めたいといったユーザーにも使いやすいアプリに生まれ変わっている。特に注目したいのが、Apple Pencilに完全に対応している点だ。デスクトップ版では、本格的にイラストを描こうとすると、どうしてもマウスやトラックパッドでは厳しく、高価なペンタブレットを別途用意しなければならなかったが、iPad版であればApple Pencilさえあれば同じことができる。しかもiPadでは画面に直接描くことができるため、その操作感も自然だ。Illustratorの代名詞である「ベジェ曲線」の描画は初心者にとっては難しかったが、ペンツールとApple Pencilの組み合わせなら簡単だ。

必要な機能に直感的にアクセスできる優れたUI

ツールバー
描画に必要な機能を呼び出すためのボタンがまとめられている。

オブジェクト
図形や線など、操作対象となるもの。

パネルバー
各ボタンをタップして、パネルの表示／非表示を切り替える。

アートボード
図形や線などを描画、編集する領域。

クイックアクションバー
選択したオブジェクトに応じたボタンが表示される。

パネル
オブジェクトに詳細な設定をするための項目が機能別にまとめられている。

図形を描き、色を塗る

1 図形ツールを選択する

❶「図形ツール」を長押し

❷円形をタップ

ツールバーの「図形ツール」ボタンを長押しすると、ボタンが展開されるので、目的の図形のボタンをタップする。

2 図形を描く

ドラッグ

タッチショートカット

アートボード上でドラッグすると、ドラッグした軌跡を対角線にした図形が描画される。タッチショートカットを押しながらドラッグすると、縦横比が固定される。

3 図形を選択する

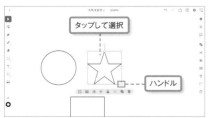

タップして選択

ハンドル

図形をタップすると選択され、周囲にハンドルが表示される。この状態で図形をドラッグすると移動でき、ハンドルをドラッグするとサイズを変更したり、回転したりできる。

写真のイラスト化やロゴデザインにも使える

1からイラストを描き起こすのは苦手という人でも、写真をトレースしてイラスト化することはできるはず。Illustratorのアートボードには、iPad内の好きな写真を配置することができるので、その輪郭をペンツールを使ってなぞるだけで簡単にイラスト化できる。このとき、トレーシングペーパー代わりにレイヤーを使えば、写真だけを非表示にしたり、移動したりする際に便利だ。

また、アートボードにはワープロアプリのようにテキストを入力することができるが、これをアウトライン化することでテキストを図形や線などと同様のオブジェクトとして扱えるようになる。アウトライン化するとテキストとしての編集はできなくなるが、文字ごとに大きさや位置、色を変えたり、縁取りを付けたりして、オリジナルのロゴを作ることができる。

写真をトレースする

ツールバーの「読み込み」をタップして、「写真」をタップし、iPadの「写真」アプリに保存されている写真を選択すると、アートボードに配置される。

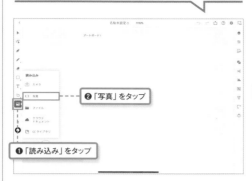

❷「写真」をタップ
❶「読み込み」をタップ

ペンツールでトレースする

ツールバーの「ペンツール」をタップして、配置された写真の輪郭をなぞるようにトレースする。「アピアランス」パネルで「不透明度」の値を下げれば、トレースの線が見やすくなる。

❷写真をトレースする
❶「ペンツール」をタップ
「不透明度」をドラッグすると写真が半透明になる

テキストをアウトライン化する

❷アートボードをタップしてテキストを入力する
❶「テキストツール」をタップ

ツールバーの「テキストツール」を使ってテキストを入力し、パネルバーの「テキスト」をタップして、「アウトライン」ボタンをタップすると、個々の文字がオブジェクトに変換される。

テキストをロゴにする

文字ごとに色や縁取りを付けたり、位置や大きさ、縦横比などを変えたりできるようになるので、オリジナルのロゴデザインを作ってみよう。

ここがポイント

イラストをファイルとして書き出す

画面右上の「共有」アイコンをタップして、「公開と書き出し」をタップすると、Illustratorで描いたイラストをファイルとして書き出すことができる。AI形式で書き出せば、デスクトップ版アプリで作業の続きをすることができ、PDFやPNGで書き出せば、アプリのない環境でも開くことができる。

AI、PDF、PNG、PSD、SVGなどの多彩な形式への書き出しに対応。環境に合わせて形式を選択しよう。

---

4 色を塗る

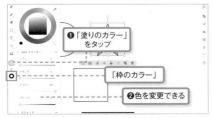

❶「塗りのカラー」をタップ
「枠のカラー」
❷色を変更できる

図形を選択して、ツールバーの「塗りのカラー」をタップすると、パネルが表示される。ここで図形に色を塗ることができる。「枠のカラー」では枠線の色を設定できる。

5 レイヤーパネルを表示する

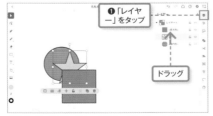

❶「レイヤー」をタップ
ドラッグ

パネルバーの「レイヤー」をタップしてレイヤーパネルを表示し、レイヤーパネルで重なり順を入れ替えたい図形を選択して、ドラッグする。

6 重なり順が変わる

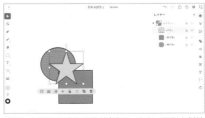

選択した図形の重なり順が変わる。なお、図形を削除したい場合は、クイックアクションバーの「削除」をタップする。

編集
EDIT

こんな
用途に
便利！

写真アプリだけで高度な動画編集

動画編集アプリを使わなくてもそれなりの編集ができる

わかりやすいインタフェース

写真編集の際とメニュー画面が同じなので初めてでもすぐに使える

プレゼン動画を簡単作成

iMovieなら素材を選択していくだけでプロ並のプレゼン動画が作成できる

本格的な動画編集ができる
「写真」アプリの編集機能

一般的な動画編集なら有料アプリを利用する必要はない

「写真」アプリに搭載されている動画編集機能は以前までは非常に貧弱なもので、指定したシーンを切り抜くトリミング程度しかできず、本格的に動画編集するならiMovieなどほかの動画編集アプリをインストールする必要があった。

しかし、iPadOSでは「写真」アプリの動画編集機能が大幅にアップデートしている。写真編集の編集メニューのほぼすべてを動画編集においても利用できるようになった。具体的にはスライダーを使って、露出、ハイライト、シャドウ、コントラストなどの色彩調節が行える。写真アプリとインタフェースが全く異なるほかの動画編集アプリ

を使うのが苦手だった人に特に便利で、写真編集感覚で直感的に編集できるだろう。

なお、編集できるファイルは60fpsの4Kビデオと240fpsの1080pスローモーションビデオを含む、iPadやiPhoneで撮影できるすべてのビデオフォーマットとなっている。

作者／Apple
標準アプリ

写真

「編集」をタップ

ほかのアプリとの共有メニュー

編集完了ボタン

動画の尺の編集

左側で選択した編集メニューの詳細な編集項目が表示される

調節

フィルタ

動画のアスペクト比や角度を調節する

「写真」アプリで動画編集をするには、ファイルを開き右上の「編集」をタップする。

動画編集画面に切り替わる。画面左側に動画編集のメニュー項目。右側に選択した編集メニューのツールが表示される。

「写真」アプリで動画の基本的な編集をしてみよう

1 動画から範囲選択をして切り取る

範囲選択して特定のシーンを切り取る

「写真」アプリで動画を選択したら編集画面を開く。編集メニューが表示される。画面下部のオレンジ枠で動画から指定したシーンを切り取ることができる。

2 「調節」で色調を調節する

項目を選択してスライダーで調節する

「調節」をタップ

左メニューの調節ボタンをタップすると右側にさまざまなボタンが表示される。ここでは、露出、ハイライト、シャドウ、コントラストなど明るさや色調の調節ができる。

3 フィルタで色調を調節する

利用するフィルタを選択する

「フィルタ」をタップ

左メニューからフィルタボタンを選択すると右側にフィルタが表示される。フィルタを選択すると動画全体を簡単に雰囲気のある映像に変更できる。

写真からプレゼン用の スライドショーを 作成する

「写真」アプリにはスライドショームービーを作成する機能があるが、動画として保存できない上、編集機能は貧弱。iPadでプレゼン用のムービーを作成するならやはり「iMovie」が便利だ。用意されている14種類のテンプレートを選択して、写真を登録していくだけでハリウッド映画の予告編やプロ並のプレゼンムービーが簡単に作成できる。作成したムービーはAirDrop、iCloud Drive経由で外部に簡単に出力することができる。4Kまたは1080p/60で写真アプリに保存したり、YouTubeに直接アップロードして外部公開することも可能だ。

作者／Apple
価格／無料

iMovie

iMovieを起動したら「プロジェクトを作成」をタップする。続いて表示される画面で「予告編」をタップ。

「プロジェクトを作成」をタップ

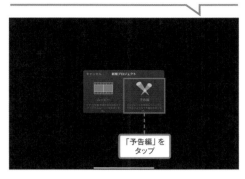

「予告編」を タップ

❸ドラッグ&ドロップ で登録していく

❶「絵コンテ」 を選択する

❷ファイル形式 を選択する

「絵コンテ」を選択する。ビデオまたは写真からiPadに保存しているメディアファイルを選択して右側のフレームにドラッグ&ドロップで登録していこう。

テンプレート を選択する

テンプレート選択画面が表示される。利用するテンプレートを選択し、続いて表示されるアウトライン画面で映像の頭に入れるタイトルや終わりに入れるクレジット情報を入力する。

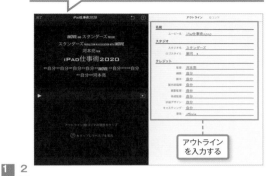

アウトライン を入力する

1 2
3 4

共有ボタン をタップ

動画を作成したら画面下の共有ボタンをタップする。動画の保存先を指定しよう。

【ここがポイント】

「写真」アプリの 動画編集機能と iMovieを連携させる

「写真」アプリで動画編集しているときに利用しているフィルタや編集メニューでは物足りなくなったときは、編集中の動画をiMovieへ受け渡そう。「写真」アプリとiMovieは連携性が高く、編集画面右上にあるオプションメニューボタンからiMovieに編集中の動画を受け渡すことができ、iMovieのフィルタや文字入力機能を利用することが可能だ。

「写真」アプリの共有メニューから「iMovie」を選択する

---

4 グリッドツールを使って 形を変える

「グリッドツール」をタップ

指でトリミングの 範囲を設定する

動画の形を変更したい場合は、左メニュー一番下のグリッドツールボタンをタップ。四隅をドラッグしてトリミング範囲を設定しよう。

5 回転、左右反転を行う

回転や左右 反転を行う

縦向きになった動画を横向きに回転したい場合は、左上にある回転ボタンをタップ。90度ずつ右に回転する。また左右反転ボタンをタップして動画を左右反転にすることができる。

6 アスペクト比率を 変更する

比率ボタン をタップ

適切なアスペクト 比率を指定する

アスペクト比率を指定して動画の比率を変更したい場合は右上の比率ボタンをタップ。下に変更したい比率が表示されるので合ったものを選択しよう。

編集
EDIT

こんな
用途に
便利！

純正Excelアプリで安心感の高い表計算！

ズレや計算ミスが許されない会計にも活用できる

多彩なテンプレートはさまざまな用途で活用できる

プライベートからビジネスまでさまざまな用途に活躍

iPadでExcelを快適に編集できる

iPad単体で本家Excelを使った本格的な表計算が利用できる

高い互換性で閲覧に加えて編集も可能!
iPadでExcelを使う際のポイント

ミスすると大変!
だからこそ
MicrosoftのExcelを

iPadでExcelの表データを表示・編集する方法はいくつかあるが、もしビジネスで利用したいのであれば、第一に試すべきはやはり「Microsoft Excel」だ。PC環境と同じデータをiPadで閲覧・編集するとなると、データや計算式の整合性が大事になってくるが、純正アプリならではの高い互換性で、安心してシートを操作できる。幸いにもExcelアプリはデスクトップ版のOffice 365サブスク

リプションを所有していればビジネスで利用可能。iPadでもExcelを閲覧したい、編集したいならぜひインストールしておこう。

iOS、iPad OS版はデスクトップ版と比べると機能こそ制限されているが、アプリとして非常に良く出来ている。関数や表、グラフの挿入も手軽にでき、オーソドックスな表計算に求められる機能はひととおり利用可能。Excelの操作感を損なうことなく、iPadアプリに落とし込んでいる。マクロが利用できないのは残念だが、ベーシックな利用であれば、十二分にビジネスの現場で活躍できる。複数人での共同編集やDropboxと連携できるのも便利だ。

作者／Microsoft Corporation
価格／無料(10.1インチ以上
のiPadでは有償)
カテゴリ／仕事効率化

Microsoft Excel

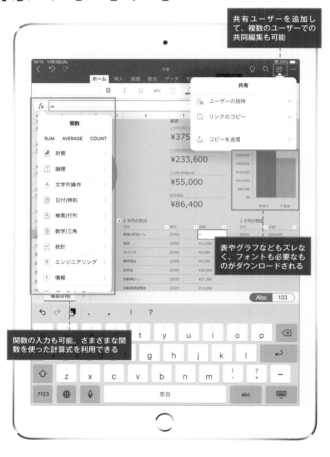

共有ユーザーを追加して、複数のユーザーでの共同編集も可能

表やグラフなどもズレなく、フォントも必要なものがダウンロードされる

関数の入力も可能。さまざまな関数を使った計算式を利用できる

Excelアプリのテンプレートを活用して表計算を行なう

1 新規ファイルを作成する

新規ファイルは空白のブックをはじめ、多種多様のテンプレートから選択することができる。利用したいテンプレートをタップしよう。

2 セルに文字を入力する

開いたシートはセルをタップして文字を入力できる。デスクトップ版Excelと比べると手順は多いが、同じ感覚で利用できる。

関数を選択して入力できる

セルをタップして文字や数字を入力する

文字入力、数字入力のキーボードを切り替える

3 グラフを編集する

「グラフ」メニューからグラフを利用できる。グラフをタップすると、参照している数値がハイライトされる。

参照している数値

タップ

「数式」タブからの
アクセスも便利

「SUM」などの関数を入力することもできる。入力したいセルをタップして選択したら「fx」ボタンをタップして関数のカテゴリから関数を選ぼう。「数式」タブから「オートSUM」を利用したり、最近使った関数からアクセスしてもいい。

「挿入」タブでは、画像、カメラ、図形、グラフなどさまざまなオブジェクトを挿入できる。Excelは表計算だけでなく、資料・文書作成ツールとしても活用されているが、iPadアプリでもそれらの用途として利用できる。

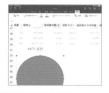

Excelの肝心なところをしっかり抑えた堅実な作り

マウスやトラックパッドに対応したiPad OSでは、よりPCライクな操作が可能になった。テンプレートから表を選ぶだけでなく、白紙のシートを作って編集していくのも現実的だ。タッチやApple Pencilを使ったマークアップにも対応しているのも便利で、タブレットとPCの良いところがそれぞれ発揮できている。なお、マクロは不可だが、ちゃんと関数を使った計算式は利用できる。

オンラインと連携できるのも見逃せない。ユーザーを招待してシートを共同編集するといったことも可能。Excelの「万能さ」はアプリになっても変わらない。

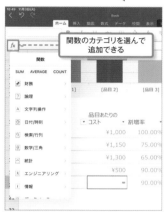

関数のカテゴリを選んで
追加できる

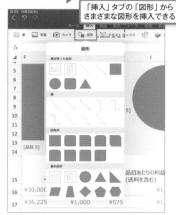

「挿入」タブの「図形」から
さまざまな図形を挿入できる

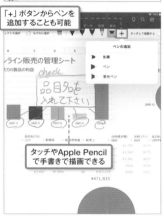

「+」ボタンからペンを
追加することも可能

タッチやApple Pencil
で手書きで描画できる

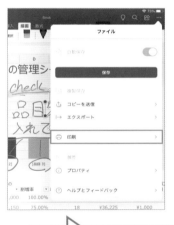

ここ が ポ イ ン ト

ユーザーを招待してファイルを共同編集できる

ビジネスの現場では、複数のユーザーが同シートをチェックするといったことも多々あるが、iPad版アプリでもこの操作が可能。「共有」メニューから「ユーザーの招待」で他のユーザーに閲覧権・編集権を付与することができる。もちろん、デスクトップ版やOffice Onlineでのユーザーとも共有できるので、グループワークで活用したい場合に利用しよう。

「ユーザーの招待」から共有したいユーザーを追加。

タッチでのマークアップにも対応している。まるでSurfaceのように画面タップでマーカーやペン描画を追加可能。Apple Pencilがあればさらに快適に描画できる。

iPadからのプリントアウトにも対応している点に注目。「…」メニューから「印刷」→「AirPrint」を選択すればいい。ただし「AirPrint」規格に対応しているネットワークプリンタが必要だ。

AirPrintに対応している
ネットワークプリンタでプ
リントアウトできる

4 式の書式を変更する

「ホーム」メニューの「表示形式」では入力した数値の書式を変更できる。通貨やパーセンテージ表示にしたい場合はこちらを利用しよう。

5 シートを追加する

デスクトップ版アプリと同じく、シートの追加も可能。画面下部にシートのタブがあり、「+」ボタンからシートを追加することができる。

売上	予算	Sheet2	＋

6 ファイルを保存する

ファイルの保存場所はiPad本体だけでなく、「+ストレージアカウントの追加」からOneDriveやDropbox内に保存することができる。

人気の「Dropbox」
や「Box」なども
追加できる

こんな用途に便利!

iPadで表計算ファイルを作成したい
MacやPCを使わず、iPadだけで見やすく美しい表計算データを作成できる

Microsoft Excelの文書を編集したい
ビジネスでは定番のExcel形式のファイルを閲覧・編集できる

表やグラフを直感的に編集したい
レイアウト性能の高いNumbersでは、表やグラフも直感的に配置、デザインできる

iPadで使うなら「Numbers」もアリ! Excelを閲覧・出力できる純正の無料アプリ

Excelファイルの展開・編集も可能なNumbersも便利!

Excelのデータを編集するには、「Microsoft Excel」を使うのがベターだが、ビジネスで利用するとなると、iPadのサイズによってはOffice 365などのサブスクリプション契約が必要になってくる。PCやMacでもOfficeを利用できて、データの整合性や安心感を考えると高い出費ではないが、内容を確認する程度の作業やプライベートで表計算を利用するのであれば、Appleが無料で配布している純正のOfficeアプリ「Numbers」も便利だ。

NumbersではExcelと同じく表を使った計算やグラフ、文書作成が可能で、レイアウト力はExcelのそれを上回り、表を1つのシート内に複数配置したり、美しいグラフを手軽に作成できたりと、強力なレイアウト力も備えている。しかもExcelのデータも表示・出力可能。Excelが無くてもNumbersがあれば、おおよそ同様の作業はできてしまう。

ただし、Excelとの互換性は完璧ではない点には注意が必要だ。Excelのデータを開くと一部関数がエラーになったり、レイアウトのズレも生じることがある。ビジネスで利用する際や、Excel形式で書き出す際には注意しよう。

作者／Apple
価格／無料
カテゴリ／仕事効率化

Numbers

Microsoft ExcelのデータもNumbers形式に変換して表示・編集できる

共有機能でグループワークにも活用できる

Excelと同じく関数も利用可能

「Numbers」でExcelファイルを展開・編集する

1 ExcelデータをNumbersで開く

iPadやiCloud Driveを参照して、開きたいExcelファイルをタップで開く。

探したい場所をタップして開いていく

Excelファイルをタップ

2 数式やフォントの自動置き換え

Numbersに対応していない数式や、フォントは対応するものに自動的に置き換えてくれる。

3 開かれた内容・レイアウトを確認する

フォントの置き換えなどによってレイアウトのズレが生じることもあるので、それらを修正していこう。

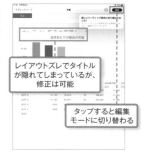

レイアウトズレでタイトルが隠れてしまっているが、修正は可能

タップすると編集モードに切り替わる

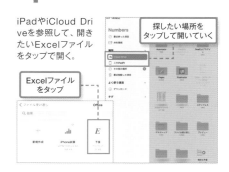

リーディング表示に戻る

表は「リーディング表示」で読み込まれる。編集が無効化され、スクロールや拡大縮小が行なえる閲覧向きなモード。「編集」をタップすると編集モードになる。

Excelの文書を読み込むとレイアウトのズレも起こる。この文書はセルの結合が外れてしまった。この場合は長押しして「セルアクション」からセルを結合して見切れを修正できる。

Excelよりも直感的! Numbersを使った表計算テクニック

「Numbers」でExcelファイルを読み込む、もしくはテンプレートを読み込んだ後は、それらを編集していこう。まずExcelを読み込んだ場合だが、レイアウトのズレが生じていることもあるため、それらを修正する。計算式によってはエラーや置換によるアラートが表示されるので、計算内容もチェックして、正誤も確認しておこう。

テンプレートから表を読み込んだ場合は、自分の作りたい書類へと内容を編集していけばいい。Numbersではテンプレートも実に多彩で、プライベートの予定表からビジネスで利用できるマネー計算表まで幅広く用意されており、簡単な編集で本格的な書類を作成できる。

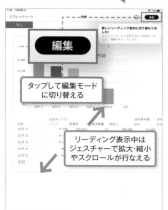

編集

タップして編集モードに切り替える

リーディング表示中はジェスチャーで拡大・縮小やスクロールが行なえる

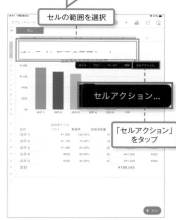

セルの範囲を選択

セルアクション...

「セルアクション」をタップ

ここがポイント
共同編集機能でグループワークも可能

Numbersではファイルが「iCloud Drive」に保存されていれば、シートの共同編集も可能だ。画面上部の「共有」アイコンをタップして、メッセージやメール、リンクをコピーして参加依頼を送信しよう。

タップ

「共有オプション」から編集権限なども変更できる。

SUM
AVERAGE
MIN
MAX
COUNT
COUNTA

さまざまな関数がカテゴリごとに用意されている

関数を選んで入力

fx

タップ

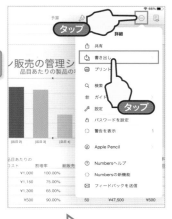

タップ

タップ

タップ

関数を入力するには、セルを選択してキーボードの「（=）」をタップ後「fx」マークをタップすると関数を選んで入力できる。

Numbersで作成した表データは、Excel形式やPDF形式など、さまざまな形式に書き出すことができる。Excelとの互換性は完璧ではないので、レイアウトを保ちたいならPDF形式での出力も視野に入れよう。

形式を選んで出力できる

PDF
Excel
CSV
TSV
Numbersテンプレート

テンプレートから書類を新規作成する

1 Numbersのテンプレートから新規作成する

ファイルを開く際に右上の「+」をタップすると、用意されたテンプレートからシートを選んで編集することもできる。

テンプレート画面を開く

2 開いた書類を編集する

テンプレートはNumbersの基本となるシートが多々用意されている。自分の用途に合うように編集していこう。

3 表やグラフのスタイルを変更する

表やグラフは選択後「フォーマット」ボタンをタップすると、手軽にカラーやスタイルを変更できる。

タップ

グラフの見た目を手軽に変えられる

Magic KeyboardとiPad Proがあれば、ほとんどの作業は快適にこなせます。

撮影／鈴木文彦（snap!）
文／編集部

くんよつ

YouTuber & ブロガー

Apple製品などのレビューや、さまざまなガジェットでのテクニック紹介などをYouTube上で行う、いわゆるテック系YouTuberの1人である、くんよつさん。iPadがもっとも好きというだけあって、iPad好きにささる動画の多さには驚かされる（YouTubeを始めたのが2020年の2月であり、まだ1年もたっていないのだが）。気になるポイントは、くんよつさんは専業のYouTuberではなく、昼は不動産の営業というバリバリに疲れそうな仕事をしながらYouTubeやブログの更新も行っているところだ。iPadをどのように活用しているかはもちろん、時間の活用の仕方などもじっくりと聞いてみた。

YouTube動画を1本作り終わるまでは本当に大変!

●くんよつさんは、昔からのApple製品マニア、という感じではなかったんですね？

　そうじゃなかったですね。初めて「Apple製品って凄いんだな！」と思ったのが10年以上前にiPod touchをさわったときです。そこから徐々に好きになっていった感じです。ブログも「Apple製品のことを書きたい！」と思って始めたわけでは

なく、副業のひとつとして、いろいろなことを書く普通の雑記ブログとして始めたんです。

　ある日の記事の中で、iPad単体で圧縮・解凍をする方法を載せたら凄いアクセスがあって、それがApple製品、iPadの記事を増やしていくきっかけになりました。当時はファイルアプリもなくて、圧縮解凍が大変だったんですよね。

PROFILE

1988年・静岡生まれの32歳。現在も静岡に在住。昼は本業である不動産の営業をこなし、ほかの時間を使ってYouTube、ブログの更新などを行っている。ブログ「KUNYOTSU Log～マネしたくなるAppleライフ」は2017年に開始し、2020年1月には17万PVを達成している。YouTubeチャンネル「KUNYOTSU Studio」では、毎週1本以上の新作動画がアップされている。シンプルな生活を愛するミニマリスト。既婚で2人の子供を育てている。

KUNYOTSU Log～マネしたくなるAppleライフ
https://kunyotsu.com/
iPadを使っているなら、役立つテクニックがたっぷりと載っているので、まずはチェックしてみよう。

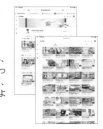

KUNYOTSU Studio
https://www.youtube.com/channel/UCa1rb99cvSiRT3dJAZo_D3Q
ガジェットのレビューや、iPadの機種選びの参考、さまざまなテクニックを動画で見ることのできるYouTubeチャンネル。

●それからYouTubeも始めたんですね？

　そうですね。ただ当初はブログの補完として動画もあった方がわかりやすいかな、と思って動画を作っていました。あまりYouTuber的な意識で始めたわけではないので、登録者数が増えていくカーブはかなり緩やかだったと思います。

●ブログに比べて、YouTubeの作業量はどうですか？

　メチャメチャ大変です（笑）。ブログは電車の中でも全然書けますし、テキストが完成したら、あとは写真を準備すればOKですが、YouTubeは、台本、撮影、編集のそれぞれが別レベルの大変さです。

●くんよつさんは、その過酷な作業を普通の昼の仕事をしながら続けているのが本当に凄いですね！

　まあ、好きなことですし、週1回レベルならなんとかアップし続けていけるかな、という感じです。その代わりブログの更新はほとんどしていない状況なのですが……（笑）。

仕事用とプライベートはアプリで分けている

●では、ここからは仕事にも、プライベートにも大活躍しているというiPadの使い方について細かく聞いていきたいと思います。16インチMacBook Proも常時持ち運んでいるということですが、サイドカーは使いますか？

　使います。ほぼ唯一といっていい使い方ですが、MacBook Proで動画編集の際、テロップを入れる枠だけをiPad側に表示させてます。けっこう長時間、この形で使っています。

●動画編集は完全にMacでの作業ですか？

　現在はほぼMacオンリーですが、一度「iPadだけでYouTubeにアップ！」というYouTubeもアップしましたし、全然できないことはないですね。今も質感の違う動画を入れたいときはiPadで撮ったりしています。

▲ Adobe Premiere Proで動画編集中の様子。iPad Proには、サイドカーを使ってテロップ編集画面を表示させて効率化をはかっている。

iPad
Q&A

●iPad歴を教えてください
iPad 2→iPad Pro（9.7インチ）→iPad Pro（12.9インチ・2018）→iPad Pro（11インチ・2018）
　最初のiPad 2のときは厚いし重いし、あまり使わなかったんですが、9.7インチiPad Proで、Apple Pencilは凄いなと思い、認識が変わりました。その後買った12.9インチのiPad Proは良くてかなり使ってたんですが、同時期に16インチのMacBook Proを買ったので、広い画面はそっちにまかせて、iPadの方はコンパクト性を重視する方向性にして11インチのiPad Pro（2018）に買い替えました。

●iPadを持ち歩きますか？
毎日持ち歩いてます。

●持ち歩く際のカバンはどんなものを？
Antique Square Backpack（MOTHER HOUSE）を愛用してます。monographの堀口さんが使っているのを見て一目惚れして買いました。これに16インチのMacBook ProとiPad Proを入れて毎日持ち歩いてます（笑）。

このカバンの詳細は、チャンネルの「【カバンの中身】32才 Apple好きふつうの会社員の鞄に入っているモノ」でチェックできる。

●フィルム、カバー、ケースについて教えてください
以前はペーパーライクフィルムを貼っていましたが、現在はやめて裸で使ってます。なるべくPencilで操作して、ついた指紋はこまめに拭いてます。

●充電に関しての自分の中での決め事や、傾向があったら教えてください。
過充電をなるべく避けたいので、寝る前や夜の充電はやめて昼間の時間帯にスキあらば充電するようにしてます。

●自分がiPadを使う上で、絶対必須の設定、ユーティリティなどはありますか？
USB-Cのハブは絶対必要です。

●仕事に限らず、iPadの使用に割いている時間が多いものを教えてください。
読書=10%、動画視聴（YouTube、Amazonプライムの動画なども含む）=30%、手書きノート=30%、Web閲覧=20%
　手書きノートは、仕事中も使いますし、ブログやYouTubeの内容を考えるときにも使うので使用時間が多いですね。主にGoodNotes 5ですが、ノートを開いている時間は「やらなきゃ！」と思ってやっています。遊びのイメージじゃないですね。

●WordやExcelなど、オフィス系アプリはiPadで使いますか？
すごく使います。

▲「iPadだけでYouTubeにアップ!」の動画。撮影、動画編集、サムネイル作成までをiPadだけで行っている動画だ。iPadでYouTubeを始めたい人には参考になるだろう。

●ではまず手書きノートについて聞いていきたいと思います。何種類のアプリを使っていますか?

4つですね。「GoodNotes 5」、「Notability」、「Nebo」、「コンセプト」。それに加えて標準のメモ……という感じです。

GoodNotes 5は基本、仕事用に使っています。フォルダ分けできるのがとにかく便利で、お客さん、物件ごとにフォルダを分けて使っています。タブも便利ですね。やりたいことはほぼ全部できていて、満足しちゃってるんですが、あえて一言いうとしたら、手書き文字のテキスト変換の際、ほかアプリに比べて一段階、作業が多いのが気になります。

Notabilityはプライベートに使っています。無限スクロールが快適でいいです。このアプリは録音機能が売りではあると思うのですが、そっちは使ってません(笑)。また、ファイル整理が全然できないので仕事には使ってませんね。

Neboは、YouTubeの台本書きに使ってます。作業の大部分(何を書くべきか見えているとき)は、標準メモでテキスト入力で作っているのですが、煮詰まったときや何も浮かばないときはNeboでとりあえず手書きしながら考える……ということをやります。

コンセプトは、マインドマップを作るときに使っています。なんにも思い浮かばないときに手を動かしながら発想を広げていくのに便利です。すごく多機能なアプリですが、それ以外の機能は全然使っていないですね。

標準メモは、台本の最終版までを作ったり、そのほかいろいろなメモ、電話の際のインスタントメモなどに使っています。以前はテキストエディタもいろいろ使っていたのですが、それはSafariでWordPressが上手く表示できなかったせいで、今はWordPress上で直接書いても全然問題ないので、マークダウンのエディタなどは使わなくなって全部メモアプリです。

●PDF注釈アプリなどは使ってますか?

使ってないですね。基本マークアップで充分で、複雑なPDFのときだけGoodNotes 5に取り込んでやってます。あまりアプリを増やしたくないので。

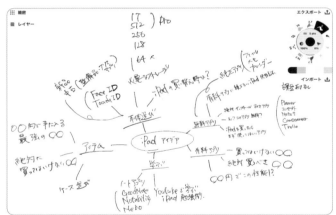
▲コンセプトの画面。考えがまとまらないときでも、無限に広げられるキャンバスにキーワードをとにかく書いていくことによって発想を促すことができる。

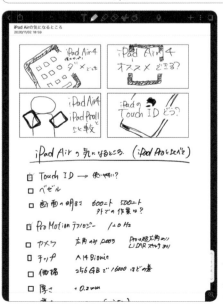
◀Notabilityの画面。手書きでサムネイルを考えるのに便利。また、縦に無限スクロールできるNotabilityなら思考を中断させることなくアイデアを考えていける。

オンライン会議ツールは、静岡ではマイナーな存在です(笑)

●Office系アプリについてもお聞きします。「Excel」関連のYouTube動画もチャンネルにありましたが、かなりExcelは使いこんでいるんですか?

使っている時間は長いですが、あまり機能を追求したりはしていないです(笑)。不動産の物件資料を作るのがメインなので、複雑な表計算などはあまりいらないのです。

ExcelはWindowsで使うべきだ!みたいな意見もありますし、以前は自分もWindows上でExcelを使っていましたが、今はWindowsから完全に離れてまして、Magic Keyboard＋iPad Proで使うExcelになんの不満もないです。まあ、会社は僕以外は全員Windowsを使ってますが(笑)。

それと、社内で共有するファイルならExcelを使いますが、自分の中で完結するものはすべて「Numbers」の方でやりますね。どこにでも表を置けるあの感じが好きです。

▲くんよつさんのチャンネルで見られる、iPadでの表計算アプリの比較動画はどのアプリを使うべきか悩んでいる人には最適の動画だ。

●確かにNumbersはいいですよね。「Keynote」は使いますか?

Keynoteは動きのあるものを作りやすくていいですよね。プレゼンで使います。

●ほかの人はプレゼンはやはり「PowerPoint」ですか?

そうですね……というか、社内でプレゼンするのは僕ぐらいです(笑)。説得力をもたせるために使ってますが、その努力が無駄だと思う人もいるんだと思います。自分としてはPowerPointより使いやすいと思います。

あと「Pages」も使っていて、テンプレートのいいものはPagesで使っています。表が多いならNumbersを、テキストが多いならPagesを……という感じです。

●「Slack」や「Chatwork」などは使いますか？

IT関係の人は、ネットを見てるとほとんどSlackを使ってますよね。でも自分の周りには全然いないんですよ。なので今でもメールが完全に中心です。メールアプリは仕事には「Spark」を使って、プライベートには標準のメールを使ってます。

●では「Zoom」などのオンライン会議系のツールも使わないんですか？

静岡ではほとんどそういうツール使っている人いないんじゃないかな？（笑）。少なくとも自分の業種では今でもほぼ100％対面ですね。もしくは必要に迫られたらLINEでテレビ電話とか。

●ファイル管理は標準のファイルアプリですか？　それとも「Documents」とか？

ファイルアプリはメチャメチャ使いますね。デスクトップ代わりですよね。iPadOSになって以来、カメラやSDカード、USBドライブも使えて本当に操作性が上がりました。以前はDocumentsも使ってましたが、だいぶファイルアプリの操作性が向上したので今はファイルだけです。でもまあ、今でも「これでこのファイルを移動できるはず」と思って操作しても全然できなかったりとか、ありますけどね（笑）。

●そのほかのアプリで、くんよつさんがオススメのものはなんですか？

まずは「Planner for iPad」ですね。これはYouTubeもアップしてますが、Apple純正カレンダーと手書きを併せて使える操作性が最高で、「待ってました！」という感じでした。ただ、iPhoneでもアプリはあって予定は見られるんですけど、編集ができないという……恐ろしくiPadに特化したアプリで凄いなあと思います。

それと、スキャンアプリですが「CamScanner」がオススメですね。一般的には「Adobe Scan」とか「Office Lens」がメジャーだと思うんですけど、CamScannerはフォルダ分けができて、CamScannerの中で完結できるんです。自分はその方が使い勝手がいいと思います。

▲「Planner for iPad」はくんよつさんのチャンネルで使い方を詳しく見ることができる。

▲おすすめのスキャンアプリ「CamScanner」。

とにかくサムネールが固まらないと何も進まない！

●それでは、ここからは昼の仕事をこなしながらYouTubeやブログを更新する、毎日の作業の様子などをお聞きしたいと思います。YouTubeの動画を1本アップするまでの過程を教えてもらっていいですか？

わかりました。まずは動画のタイトルを考えます。すぐにタイトルが決まるときもありますが、そうでないときはコンセプトにマインドマップを書いて、とにかくアイデア出しをしてから……という流れになりますね。

次にサムネールを考えます。画像、文字の配置を吟味して「こういう配置でどうかな？」とイメージして、クリックされそうに思えればOKです。ここでいいイメージが浮かばないと次に進めないです。ほかの人のYouTubeを見ていると「本当にサムネの力は凄いな」と思わされますし。Notabilityを使って考えますね。

台本ですが、僕の場合はしゃべることを頭の挨拶から終わりまで順番に全部書きます。途中から書く人も多いとは思いますが、出だしが書けないと僕は進められないですね。基本、テキストで入力していきますが、行き詰まると手書きノートのところでお話ししたように、Neboなどを使っての手書きになります。とりあえず手を動かしながら考える……という感じです。とにかく台本を上げるまでが大変です。いろいろなタイトル

➡ YouTube動画ができるまで

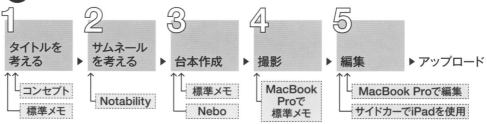

1 タイトルを考える	2 サムネールを考える	3 台本作成	4 撮影	5 編集	▶ アップロード
コンセプト / 標準メモ	Notability	標準メモ / Nebo	MacBook Proで標準メモ	MacBook Proで編集 / サイドカーでiPadを使用	

の台本を並行して考えているので、1本の動画の台本にどれぐらい時間がかかるか、一概にはいえないですが、少なくとも3〜5日ぐらいはかかってると思います。

台本は電車の中で書いたり、仕事が終わったあとカフェで書きます。自宅ではやらないですね。いろいろな場所で書いてます。

そしていよいよ撮影です。僕の場合は、会社の事務所スペースや、お手伝いをしている知り合いの方のスペースを借りて撮っているので、会社が終わったあとの18時からか、もしくは休みの日の昼の時間帯に撮影してます。三脚にカメラを固定して、MacBookのメモに書いてある台本を見ながらしゃべって

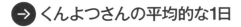

→ くんよつさんの平均的な1日

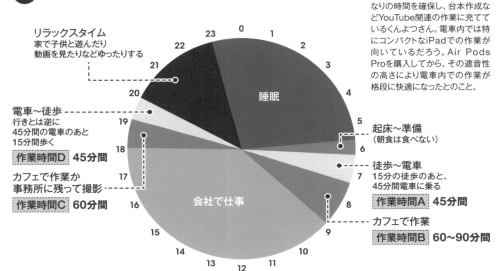

リラックスタイム
家で子供と遊んだり動画を見たりなどゆったりする

電車〜徒歩
行きとは逆に45分間の電車のあと15分間歩く
作業時間D 45分間

カフェで作業か事務所に残って撮影
作業時間C 60分間

睡眠

起床〜準備（朝食は食べない）

徒歩〜電車
15分の徒歩のあと、45分間電車に乗る
作業時間A 45分間

カフェで作業
作業時間B 60〜90分間

会社で仕事

会社での仕事の前後に、電車の時間とカフェの時間を合わせてかなりの時間を確保し、台本作成などYouTube関連の作業に充てているくんよつさん。電車内では特にコンパクトなiPadでの作業が向いているだろう。Air Pods Proを購入してから、その遮音性の高さにより電車車内での作業が格段に快適になったとのこと。

撮影していきます。台本は丸ごと覚えたりしなくても、一文ごとに止めて撮っていく形で大丈夫です。今でこそ、最初のころよりはアドリブも効くようになって台本と違うことをしゃべっていることもありますが、最初のころは本当に大変でした（笑）。

●この素晴らしい事務所スペースを撮影に使えるのは凄いですよね。とってもうらやましいです！撮影が終わったら編集ですか。編集は相当大変そうに思えますが……

編集は基本「ジェットカット」（YouTubeでは一般的な、しゃべりの中の無駄な部分を残らず削除していく技法）でやるんですが、5分間の動画だったらジェットカットに1時間、テロップ作成に1時間、音楽やサムネールで

1時間……それが短く済んだ場合ですね。あとは動画内容の説明を書いて、やっとアップロードです。

●ジェットカット！……聞いてるだけでも大変そうで、恐ろしい作業に思えますが、それを続けられるモチベーションは本当に凄いですね。

まあ、好きなんでしょうね。ほかに趣味もないので（笑）、ブログやYouTube活動が僕の趣味なのかもしれません。それと、思ったより収益性も高いです。ブログよりも良くてビックリしましたし、これなら続けられるとも思いました。

●ブログも相当なPV数があるのにもったいなくないですか？

そうなんですけど、現状のブログは差別化がしにくい状態になっていると思うんです。YouTubeの方が仮に同じネタを扱っていても個性を出しやすい気がします。なので、ブログはたまに更新する程度でいいかな、と思っています。

●だいたいの感じはわかりまし

た！ ではYouTubeをやっていて最も充実感を感じるのはどんなときですか？

そうですね。YouTubeに新しく動画をアップすると、最新の動画がこれまでの動画と比べて、どれぐらい見られているかがランキングで表示されるんですよ。それが1位になっているとものすごく充実感がありますね。その瞬間が最高です！

●なるほど……ランキングで出るのはわかりやすいですね。でもそうなってくると、今度はカメラを動かして動画を撮ろう、とか思いませんか？

それは1人ではできないですからね。

●奥さんに手伝ってもらうのは無理ですか？

それは当分は無理ですね。まず僕がYouTubeをやっていることを知らないと思うんです（笑）。隠しているわけではないんですが、僕からは言ってないですし。この本が出たら、それをきっかけに言おうと思ってます（笑）。

Chapter 3

情報収集

INFORMATION GATHERING

こんな
用途に
便利！

ジェスチャーでブラウザ操作ができる
タップ操作よりも効率的にブラウジングが行える

カメラで撮影したものを検索できる
外出先で見かけた商品や文字列を撮影してすぐに調べられる

気になる記事を効率的に収集
表示しているページと関わりのあるニュース記事を画面下部に一覧表示してくれる

Safariよりも便利なブラウザ Smoozでネットサーフィンを効率化する

ジェスチャー操作でブラウザの基本操作が行える多機能ブラウザ

iPadには「Safari」という快適なブラウザが搭載されているが、ちょっと検索するだけでなく、毎日膨大な数のサイトをチェックしてまわるなら多機能ブラウザに切り替えたほうがいいだろう。

「Smooz」は情報検索やウェブサーフィンを効率的に行えるブラウザ。ジェスチャーを使ってさまざまなブラウザ操作ができるのが最大の特徴で、画面上に指で軌跡を描くだけで、ブックマークを開いたり、進む、戻る、タブの開閉などが行える。スマホと違って下に並んだツールボタンに指が届きづらいiPadにとって非常に役立つだろう。

標準では2つのジェスチャー操作が用意されているが、設定画面からジェスチャーとブラウザ操作を自由に組み合わせて追加できる。「カスタムジェスチャー」機能では用意されているジェスチャー以外にも独自のジェスチャー操作を作成できる。上級者向けの機能だ。

S
作者／Astool Inc.
価格／無料
カテゴリ／ユーティリティ

Smooz

Smoozのインタフェースをチェックしよう

人気の記事

クリックするとウェブで話題の人気記事が一覧表示される。記事をタップすると右のタブに記事が追加され表示される。

タブ
現在開いているページがタブで表示される。長押ししてタブを固定したり、タブをまとめることができる。

関連ニュース
タップするとブログの一番下に設置されているおすすめページに瞬時に移動する。関連記事を探すのに便利。

設定メニュー

タップするとSmoozのメニュー画面が表示される。細かな設定や機能はここから利用しよう。

ブックマーク
登録したブックマークを一覧表示できるほか閲覧履歴やブックマークをもとに、まとめたページを管理できる。

ジェスチャー機能を使ってみよう

1 メニューボタンから設定をタップする

設定アイコンをタップ

「ジェスチャー」をタップ

Smoozを起動したら、右下端のメニューボタンをタップして、設定アイコンをタップする。続いて設定画面から「ジェスチャー」を選択する。

2 ジェスチャー機能を有効にする

設定画面から「ジェスチャー」を選択する。標準設定ではジェスチャー操作はオフになっているので有効にしよう。これでジェスチャーが利用できるようになる。

スイッチを有効にする

3 ジェスチャー操作でブラウザを操作する

実際にジェスチャーで操作をしてみよう。標準設定では右下に向けてL字型にジェスチャーを行うと表示しているタブを閉じることができる。

L字型にジェスチャーするとタブを閉じる

カメラ撮影した文字や画像をGoogleで検索する

Smoozでは、手動でキーワード入力をしてウェブ検索するほかに、iPadのカメラに映った文字を読み取り、それをGoogle検索する「かざして検索」という機能が搭載されている。外出先で、ふと調べたくなった広告やパンフレットに印刷された文字を、カメラでかざすだけで調べることができる便利な機能だ。

かざして検索は、類似イメージ検索にも対応しており、カメラに映った画像を読み取り、よく似た画像があるか調べることができる。名前の分からない人物の写真や製品写真を調べたいときに便利だ。ほかに、QRコードを読み取ることもできる。

なお、カメラ検索機能はGoogleのテキスト検索やイメージ検索機能を利用しているので、すでにChromeを使っている場合はChromeのイメージ検索を利用しよう。

ホーム画面を開き、中央の検索ボックスの右にあるカメラアイコンをタップしよう。

カメラアイコンをタップ

Googleの検索結果が表示され、カメラで読み取った内容の検索結果を表示してくれる。モノを読み取った場合は画像検索で結果を表示してくれる。

カメラが起動する。「自動」を選択して、検索したい対象物（文字でも物体でも可）をカメラで映そう。映したらシャッターボタンをタップ。

シャッターボタンをタップ

「自動」をタップ

1 2
3 4

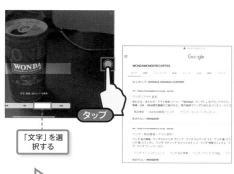

タップ

「文字」を選択する

テキストだけを読み取り検索する場合は、メニューから「文字」を選択する。読み取りたい文字に焦点を合わせてシャッターボタンを押そう。

ページ全体をスクリーンショットする

Smoozにはページ全体をスクリーンショット撮影して画像保存する機能がある。スクリーンショット撮影したいページを開いたら設定画面から「ページ全体スクショ」を選択しよう。JPEG形式で保存することができる。

「ページ全体スクショ」をタップ

---

4 ジェスチャー操作をカスタマイズする

各ジェスチャーの動作はカスタマイズすることができる。利用したいジェスチャーをタップしよう。無料版の場合、ジェスチャーは5つまで追加することができる。ジェスチャーの設定画面で「ジェスチャーを追加」をタップ。

「ジェスチャーを追加」をタップ

5 追加するジェスチャー操作を選択する

ジェスチャー対応操作が一覧表示される。利用するジェスチャーにチェックを入れよう。チェックを付けたら右上の「次へ」をタップする。

チェックを付けて「次へ」をタップ

6 ジェスチャーを指定する

ジェスチャーを指定しよう。標準でいくつか用意されているが「カスタムジェスチャーを追加」から独自のジェスチャーを作成して設定することもできる。

ジェスチャーを指定する

情報収集
INFORMATION

こんな
用途に
便利！

スクリブルでウェブ検索する

手書きで素早くウェブ検索ができる

ウェブ情報を快適に収集する

リーディングリストであとで情報をまとめて閲覧できる

長押しメニューで快適に収集する

豊富なメニューを活用して効率的にウェブサーフィンする

Apple Pencilを使ってサイトを巡回できるようになったSafari

スクリブル機能を使って検索窓にワードを直接書いて検索する

日々必要な機能が増強され、ほぼ死角なしのブラウザになっているSafari。iPadOS 14でもさまざまな機能が追加されている。目玉機能の1つが「スクリブル」だ。

スクリブルはApple Pencilで手書きした文字を自動でテキストデータにしてくれる機能。テキスト入力できる場所であればほぼどこでも利用でき、Safariでは検索ボックスにApple Pencilで文字入力すると書いた文字を自動でテキストに変換して検索できる。毎回キ

ーボードを引き出す必要がないのだ。

各種ネットサービスにログインする際に必要なパスワード入力もApple Pencilでアカウント名を手書きしてログインすることができる。なお、パスワードは手書き入力できずキーボードで入力する必要がある。

スクリブルはテキストを入力するだけではなく、テキストに対して横や縦方向にこすれば削除することができたり、テキストを円で囲んだり上に線を引けばオプションメニューを表示できる。スクリブルによる手書き入力は、現在英語と中国語のみ対応しており、日本語には対応していないが、中国語キーボードをインストールしておくことで、手書きの漢字でもきちんとテキストに変換してくれる。

作者／Apple
標準アプリ

Safari

Safariでスクリブルを活用する

検索ボックスだけでなく Safari 上でテキスト入力する場所で手書きすれば自動でテキストデータに変換してくれる。ただし、現在は日本語に未対応。

スクリブルのさまざまな操作を試してみよう

1 スクリブルを有効にする

設定画面から「Apple Pencil」を選択。「スクリブル」を有効にしよう。

有効にする

2 アカウント入力も手書きで入力

実際にSafariで使ってみよう。最もよくキーボード入力を行うのはアカウント入力だろう。スクリブルはアカウント入力にも対応している。ただし、パスワード入力はできない。

手書きでアカウント名を入力する

3 文字や単語を結合または分離

文字の前後で上から下に線を引くと半角を空けることができる。逆に詰めて結合したい場合は、結合したい位置でApple Pencilを上から下に引く。

上から下に引くと半角空き、半角詰める

リーディングリストとPDF化機能をうまく使おう

ウェブサーフィン中に見つけた資料をあとで参考にしたり活用する場合は、「リーディングリスト」に追加しておこう。リーディングリストに登録しておけば、あとで素早く対象のページを開くことができる。ブックマークと異なりリーディングリストに追加したページはオフラインでも閲覧することができる。事前に登録しておけば電波の届かない電車内や飛行機内でも閲覧することが可能だ。

しかし、ニュース記事の多くは数カ月後には削除されて閲覧できなくなることもある。重要なページは記事を直接PDF形式に変換してからiPadに保存しよう。スクリーンショットからマークアップを起動すると表示しているページ全体をPDF化してダウンロードすることができる。

リーディングリストに記事を保存するには、対象のページを開き、右上の共有メニューを開き、「リーディングリストに追加」をタップ。

共有メニューをタップ

「リーディングリストに追加」をタップ

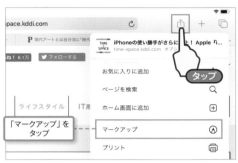

「マークアップ」をタップ

タップ

ページを保存する場合は共有メニューから「マークアップ」をタップ。マークアップ画面に切り替わったら左上の「完了」から「ファイル保存」をタップ。

「ファイルを保存」をタップ

保存したリーディングリストを閲覧するには、サイドバーを開き、リーディングリストタブを開こう。保存した記事が表示される。タップすると記事が閲覧できる。

タップ

リーディングリストタブを開く

1 2
3 4

タップして「PDFを"ファイル"に保存」を選択

なお、iPadOS 13からスクリーンショット機能（電源ボタン＋音量調整ボタン）とPDF保存機能が統合され、スクリーンショット撮影後に「フルページ」形式で保存するとPDF形式で保存することができる。

ここがポイント

余計な広告を排除してくれるリーダーを使おう

リーダー機能を有効にするとウェブページから余計な広告や読みづらい書式を除去して、見出し、本文、本文と関連のある写真だけのすっきりしたページにしてくれる。保存する前にリーダー表示にしておくのもよいだろう。マークアップでメモ書きして保存することもできる。

アドレスバー左の「AA」ボタンをタップして「リーダーを表示/非表示」をタップ。

---

4 テキストを選択してメニューを開く

テキストを線で囲んだり上から線を引くと「コピー」「カット」「選択」などのメニューが表示される。

上から線を引くと選択

5 ギザギザにこするとカット

テキストを波打つようにギザギザにこするとその部分を削除できる。「選択→カット」の手間が省ける。

ギザギザにこすると削除でできる

6 スペースを空けて挿入する

スペースを空けて挿入したい文字がある場合は、対象部分を長押しししよう。するとその部分にスペースができるのでテキストを追加しよう。

長押ししてスペースを作る

✅ 新しくなった長押しメニューで効率的にウェブサーフィンをする

プレビュー表示やダウンロードメニューが追加された

ページに貼られたリンクを長押ししたときに表示される長押しメニューがiPadOSで大幅に変化した。長押しするとリンク先のページがプレビュー表示さ

れ、ページを開かなくてもページ内容をチラ見できるようになった。

これまでのメニューのほかに「リンク先のファイルをダウンロード」が追加され、リンク先のページやファイルを「ファイル」アプリにダウンロードでき

るようになった。ウェブページの場合はHTML形式でダウンロードされる。

なお、以前のiOSではあった「Split Viewで開く」メニューはなくなったが、リンクを長押ししたあと「新規ウインドウで開く」、もしくは長押しすると浮き

上がるリンクを画面端にドラッグすれば自動的にSplit Viewが起動し、リンク先のページと現在開いているページを並列表示することが可能だ。端まで移動せず少し手前で止めればSlide Overで表示させることも可能だ。

---

1 ページ上にあるリンクを長押しするとメニューのほかにリンク先ページがプレビュー表示される。プレビューをタップするとそのページが開く。

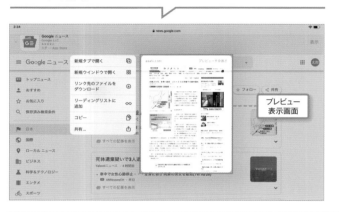

プレビュー表示画面

2 メニューに新しく追加された「リンク先のファイルをダウンロード」をタップすると、「ファイル」アプリの「ダウンロード」フォルダにHTML形式で保存することができる。

タップ

リンクをドラッグして画面端まで移動させる

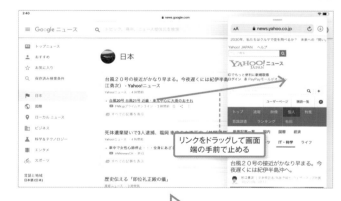

リンクをドラッグして画面端の手前で止める

3 リンクを長押しするとリンク部分が少し浮き上がるので、そのままiPad画面の端まで移動させるとSplit Viewが起動し、現在のページとリンク先のページを並列表示できる。

4 Slide Overとしてリンク先を並列表示させることもできる。リンクを長押しして浮き上がったら指をドラッグして、画面端手前あたりで指を止めよう。Slide Overでページを表示できる。

ここがポイント

二本指でリンクをタップすると新規タブでページを開ける

リンクを二本指でタップすると、現在開いているタブとは別に新規タブでリンク先をページを開くことができる。ニュースサイトのようなリンクが多数貼られたサイトを閲覧する場合は、長押しメニューから「新規タブで開く」を選択するよりも効率よくページを閲覧できるので覚えておこう。

リンクを二本指でタップ

新規タブでページを開ける

✔ ドラッグ＆ドロップでSafariから ほかのアプリに情報をコピーする

Slide Overや Split Viewで データを受け渡しする

　現在のiPadOSではPC操作ではおなじみのアプリ間での「ドラッグ＆ドロップ」が利用できるようになったが、Safari上のデータもドラッグ＆ドロップで簡単にほかのアプリにコピーできるようになっている。長押しメニューや共有メニューから、何度もタップ操作をする手間を大幅に省くことができる。

　ドラッグ＆ドロップを活用するには、Split ViewやSlide Overを起動してSafariとデータの受け渡しをするアプリを並列表示させておく必要がある。「ファイル」アプリにSafariで表示しているテキストや画像などのデータを保存する場合は、片側にSafari、もう片側に「ファイル」アプリを開いておこう。あとはコピーしたいファイルを範囲選択してひたすらドラッグ＆ドロップすればよい。

　逆にほかのアプリからSafariにデータをドラッグ＆ドロップで送信することもできる。Dropbox.comなどブラウザ上にファイルを登録してアップロードするサイトで利用しよう。

---

1 Safariで表示しているページのURLをメモに記録するには、Safariのアドレスバーをメモアプリにドラッグ＆ドロップしよう。ページ内容をサムネイル形式にしてリンクを作成してくれる。

アドレスバーを「メモ」アプリにドラッグ＆ドロップ

2 Safariで表示している画像を保存する場合は、「ファイル」アプリを表示させ、画像を直接「ファイル」アプリ内にドラッグ＆ドロップすれば保存できる。

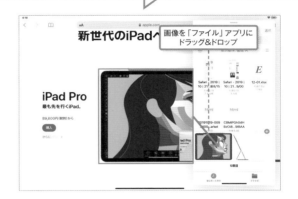

画像を「ファイル」アプリにドラッグ＆ドロップ

3 Safariで表示しているテキストをメール本文にコピー＆ペーストしたい場合は、コピーしたい箇所を範囲選択して、メール本文にドラッグ＆ドロップしよう。

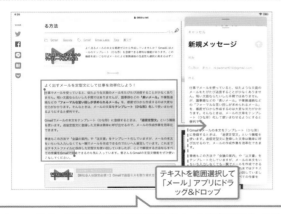

テキストを範囲選択して「メール」アプリにドラッグ＆ドロップ

4 SafariでDropbox.comを開き、「写真」アプリから写真をSafariにドラッグ＆ドロップするとファイルのアップロードができる。

写真をSafariで開いたDropbox.comにドラッグ＆ドロップ

ここがポイント

標準デスクトップ 専用サイトも 利用できる

以前のSafariでPC用のサイトを閲覧する際は、PCモードに切り替える必要があったが、現在は標準でPC専用のサイトにアクセスできるようになっている。特に便利なのはGoogleドキュメントやGoogleスプレッドシートなどGoogle Docs関連のサービスをSafariから直接使えるようになったことだ。わざわざアプリをインストールする必要がなく、ブラウザ上から直接書類の作成・編集ができる。

Safariで直接Googleドライブにログインしたところ。アプリをダウンロードする必要はない。

Googleスプレッドシートを開いて直接編集することも可能だ。

こんな
用途に
便利！

標準ブラウザをChromeにできる
PCでもChromeを使っているならデータの連携がスムーズに行える

海外サイトを快適に閲覧する
内蔵の翻訳機能を使えば外国語ページも翻訳表示できる

PC版サイトも使える
デスクトップモードにすればPC専用のサービスも利用できる

ChromeをiPadのデフォルトブラウザにできるようになった

パソコン版Chromeの各種データとスムーズに同期できるようになる

　iPadOSの標準ブラウザといえばAppleのSafariだったが、iPadOS 14からChromeを標準ブラウザに設定できるようになった。標準ブラウザに設定することでメールアプリやSNSアプリなどに記載されたURLリンクをタップした際に、Chromeでページが開くようになる。

　これまでPCの標準ブラウザとしてChromeを使っていたユーザーであれば、同じGoogleアカウントでChromeにログインすれば、ブックマークや閲覧履歴、パスワードなどが共有でき、快適にウェブサーフィンができるようになるだろう。デフォルトブラウザの変更は設定画面のChromeにある「デフォルトのブラウザApp」から行おう。

　また、Safariと同じくデスクトップモードに対応しており、ブラウザから直接、Google DocsやブログサービスなどPC用サイトが利用できる。PC版にはないリーディングリストが搭載されているのも魅力の1つで、スマホ版Chromeと同期して移動中に追加したリーディングリストを読むことが可能だ。

作者／Google LLC
価格／無料
カテゴリ／ユーティリティ

Google Chrome

Chromeをデフォルトブラウザにしよう

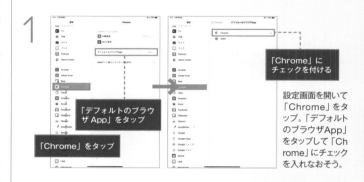

1

「デフォルトのブラウザ App」をタップ

「Chrome」をタップ

「Chrome」にチェックを付ける

設定画面を開いて「Chrome」をタップ。「デフォルトのブラウザApp」をタップして「Chrome」にチェックを入れなおそう。

2

URLリンクをタップ

メールアプリやSNSアプリなどに記載されたURLリンクをタップしてみよう。Chromeが起動するはずだ。

Safariに劣らないChromeを使ってみよう

1 デスクトップ版ブラウザに変更する

タップ

「PC版サイトを見る」をタップ

Chromeのブラウザをデスクトップ版に変更するには、右上のメニューボタンをタップして「PC版サイトを見る」をタップ。

2 Google Docsにブラウザでアクセスできる

デスクトップ版に変更すれば、iPadOS以降のSafari同様Google Docsをはじめクラウドサイトに直接アクセスでき、専用アプリをインストールする必要はなくなる。

3 無限に開くことができるタブ

タブは左右にドラッグして位置を変更できる

タップするとタブ内容を一覧表示できる

タブの数に制限はなく無限に開くことができる。タブバー右端に開いているタブの数が表示される。タップするとタブ内容をサムネイル表示できる。

Chromeならではの機能を使いこなそう

ここまで紹介した機能であれば、Safariとさほど変わらないが、Chromeならではの機能も多数ある。中でも便利なのは翻訳機能だ。標準では日本語以外のサイトをChromeで表示すると、画面上に翻訳メニューが自動表示される。翻訳する場合は「日本語」をタップしよう。表示している海外のサイトをタップ1つで日本語表示してくれ、指定した言語のページを開いたときに自動的に翻訳表示するかどうかも指定できる。海外サイトを開くたびに翻訳ボタンを押すのが煩わしい人は自動翻訳機能を有効にしよう。

また、トップページのアドレスバー横にあるマイクボタンをタップすると音声検索が利用でき、文字入力することなく話しかけるだけで素早く検索できる。

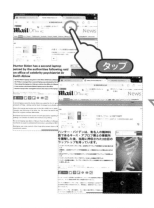

Chromeで海外のサイトにアクセスすると画面に翻訳メニューが表示される。日本語に翻訳したい場合は「翻訳」をタップすると日本語に翻訳変換してくれる。

外国語のサイトにアクセスしたときに自動で翻訳表示させたい場合は、アドレスバー左の設定ボタンをタップして「○○語を常に翻訳」をタップすると自動的に翻訳表示されるようになる。

1 2
3 4

日本語ではなく他の指定した言語に翻訳表示させることもできる。アドレスバー左の設定メニューをタップして「その他の言語」を選択して、翻訳先言語を指定しよう。

音声入力で検索するには新しいタブを開きスタートページを表示させる。検索フォーム横にあるマイクをタップすると音声入力画面が起動する。

Google画像検索も利用できる

Chromeは指定した画像とよく似た類似画像を検索する「Google画像検索」を利用できる。利用するにはクリップボードに検索対象の画像をコピーし、アドレスバーにペーストすればよい。また、Chromeで表示している画像を長押しして「この画像をGoogleで検索」からGoogle検索を利用することができる。

画像をコピーしてペーストして検索する

長押しして「この画像をGoogleで検索」から検索する

---

4 ほかのデバイスで開いているタブを開く

PCやスマホのタブが表示される

タップ

タブのサムネイル表示画面上にある同期ボタンをタップすると、現在PCやスマホのChromeで開いているタブを利用できる。

5 リーディングリストに記事を追加する

「後で読む」をタップ

タップ

記事をリーディングリストに追加するには、右上のメニューボタンをタップして「後で読む」をタップしよう。

6 リーディングリストに追加した記事を読む

追加した記事を読むには同じく右上のメニューボタンをタップし「リーディングリスト」をタップ。「後で読む」として追加した記事が表示される。閲覧すると既読のページの記事が移動する。

情報収集 INFORMATION

こんな
用途に
便利！

Kindleの書籍につけたハイライトを外に持ち出す
ハイライトを付けたページをスクリーンショットで保存する
Kindleの書籍に手書きの注釈を付ける
Apple Booksに移してマークアップを利用する
Kindleで付けたハイライトを整理する
Apple Booksの整理機能を活用する

Kindleでのインプットを効率よく
吸収する読書テクニック

**Kindleで付けたハイライト
をPDF化してApple Booksで
管理する**

普段、Kindleで電子書籍を読んでいるユーザーは多いと思うが、本の中で気になった部分をメモするものとしてハイライトを追加する機能やブックマークを追加する機能がKindleには用意されている。Kindleを使っていれば付けたハイライトに瞬時に移動できたり便利だが、付けたハイライトをKindleの外に持ち出したいときがある。

作者／AMZN Mobile LLC
価格／無料

Kindle

作者／Apple
価格／無料
標準アプリ

Apple Books

そんなときは、ハイライトを付けたページをいったんすべてスクリーンショット撮影して画像形式で保存したあと、iPadのPDF作成機能を使って撮影した写真を結合してPDF化しよう。毎回、Kindleアプリを起動しなくても自分の好きなPDFアプリで内容を再確認できる。

また、Kindleから作成したPDFアプリを管理するのにおすすめが「Apple Books」だ。PDFを読み込むだけでなくマークアップ機能を使って手書きの注釈を付けることができる。ライブラリ機能もKindleより優れており、カテゴリごとに電子書籍を管理できる。Kindleの良いところとApple Booksの良いところをうまく使いこなそう。

KindleからApple Booksへの流れ

**Kindleで気になるページは
すべてスクリーンショット撮影して保存しておく。**

↓

**共有メニューのPDF作成機能で
保存したページをPDF化する**

↓

作成したPDFをApple Booksに転送する

↓

Apple BooksでPDFを管理する

Kindleの電子書籍をApple Booksに移転しよう

1 Kindleの各ページを
スクリーンショット撮影

まずは、ハイライトを付けたり重要だと思われるKindle本のページをスクリーンショット撮影して画像として保存していこう。

2 選択して
共有メニューを開く

「プリント」を
選択する

チェックを
付ける

共有メニュー
をタップ

PDF化したい写真にチェックを入れ、左下の共有メニューをタップ。メニューから「プリント」を選択する。

3 3本指で
ピンチアウトする

3本指で
ピンチアウト

プリント設定画面が表示され、下に撮影したスクリーンショットが表示されたら3本指でピンチアウトしよう。

範囲選択やテキストの コピーペーストが可能な 電子書籍に変換する

先のページのようにスクリーンショットで撮影した写真を組み合わせて作ったPDFは、マークアップやPDF編集アプリを使って手書きの注釈を入力することができるが、テキストの範囲選択やコピーはできない。PDFからテキストデータを抽出したい場合は「Adobe Scan」を使ってPDFを作成しよう。

Adobe ScanはOCR機能が搭載されており、写真上に記載された文字列をデジタルテキストに変換しつつPDF形式に変換できる。これなら、PDF上のテキストをiPadのほかのアプリやPC上へ自由にコピーペーストができる。

なお、Adobe Scanはカメラ機能を備えており、「写真」アプリに保存している写真だけでなく紙を撮影して、紙上の文字列をデジタルテキスト形式のPDFに変換することも可能だ。

作者／Adobe
価格／無料
カテゴリ／ビジネス

Adobe Scan

まずは、ハイライトを付けたり重要だと思われるKindle本のページをスクリーンショット撮影して画像として保存していこう。

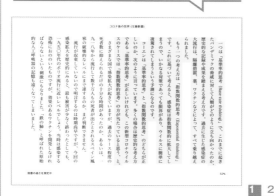

❶レタッチツールを使う

❷「PDFを保存」をタップ

Adobe Scanを起動し、左下の写真選択ボタンをタップ。PDF化するスクリーンショットをすべて選択しよう。

タップ

写真を選択する

1 2 3 4

OCRスキャンされる。しばらく時間がかかる。スキャン終了後、下のツールでレタッチやページの並び順を調節して右上の「PDFを保存」を選択しよう。

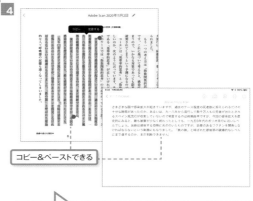
コピー&ペーストできる

Adobe Scanで作成したPDFならページ内のテキストを自由にコピーしてほかのアプリにペーストできる。

ここがポイント

Split ViewとKindleと手書きノートを表示して覚える

Kindleなど読書した内容はただメモするだけでなく覚えることも重要だ。覚えるにはひたすら手書きで写経するように書くのが一番の方法だ。Split Viewで片方に読書メモを開き、もう片方で無地のノートでメモ内容を書き殴ろう。

左側に電子書籍、右側にノートアプリ

ペンは黒一色でガンガン書く

4 自動的にPDF化される

タップ

すると写真が拡大され、画面右側にほかのページがサムネイル表示された状態になる。この状態ですでにPDF化されている。右上の共有メニューをタップ。

5 Apple Booksを選択

「その他」をタップ

「ブック」を選択する

メニューから「その他」を選択して表示されるメニューから「ブック」を選択しよう。なお、事前にApple Booksをインストールしておこう。

6 Apple Booksで 読書・注釈を付ける

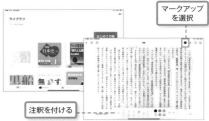
マークアップを選択

注釈を付ける

Apple Booksを起動するとPDFが登録されておりタップして閲覧できる。マークアップボタンをタップすると手書きの注釈も付けることができる。

情報収集
INFORMATION

こんな
用途に
便利！

範囲選択したテキストを付箋化できる
> ハイライトを付けるだけでなく抽出して付箋のように利用できる

保存した付箋メモを加工できる
> サイズを変更したり、位置を変更したり、カラーを付けることができる

PDFに注釈できる
> シンプルな注釈アプリとしても利用できる

長文PDFやWordのファイルから重要な部分を付箋紙形式で抽出する

メモ内容を視覚的に確認するのに便利なアプリ

　PDF内から重要な箇所にハイライトを付けるだけでなく、ハイライトを入れた部分を付箋紙のように扱いたい場合は「LiquidText」を使おう。

　LiquidTextはPDFやWord文書を読み込んで、気になる部分にハイライトを付けたり、コメントを付けたり、タグを付けることができる注釈アプリ。ほかの注釈アプリと決定的に異なるのは範囲選択した文字列を抜き出し、まるで付箋紙のように管理できること。付箋メモをタップすると、該当する箇所に素早くジャンプして表示することが可能だ。なお、範囲選択して付箋化するにはApple Pencilが必要となる。

　付箋メモはエリア内の好きな場所に配置させたり、また大きさをカスタマイズすることが可能だ。このことによってメモの重要性にメリハリを付けられる。各付箋の色も自由に変更することが可能だ。

　また、付箋メモ同士を結合させることができ、フローチャート図や階層図のようなものを作り上げることができる。メモをもとに新しい構成を作り出したいときに役立つだろう。

作者／LiquidText, Inc.
価格／無料
カテゴリ／仕事効率化

LiquidText

---

1 ファイルを開く

LiquidTextを起動したら、まずはPDFやWordを読み込もう。左上の「OPEN FILE」をタップして読み込むファイルを選択する。

> タップしてファイルを選択する

2 注釈アプリとして使う

注釈アプリとして使う場合は、注釈を付ける部分をなぞってカラーを選択したり、コメントを付けよう

> ツールバー

> 注釈箇所をなぞる

3 Apple Pencilで囲い込む

特定の箇所を付箋化して保存したい場合は、Apple Pencilで対象部分を囲い込み下の灰色のエリアにドラッグ＆ドロップする。

> Apple Pencilで囲い込む

> ドラッグ＆ドロップ

4 付箋をカスタマイズする

各付箋はドラッグして自由に位置を変更したり、大きさを調節できる。タップすると表示されるメニューからカラーを変更することもできる。

> 隅をドラッグしてサイズを調節する

> ドラッグして位置を変更する

5 付箋と付箋をつなげる

付箋をほかの付箋に近づけるとマグネットのように自動的に結合させることができる。フローチャートのようにしたり、階層のような構図を作ることができる。

> 付箋同士を近づけると結合する

6 タイトルを付ける

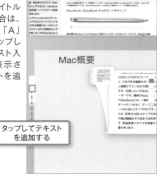

作成したメモの集合体にタイトルを付ける場合は、左側にある「A」ボタンをタップしよう。テキスト入力画面が表示され、テキストを追加できる。

> Mac概要

> タップしてテキストを追加する

Chapter 4

効率化

I M P R O V E

こんな用途に便利！

いつも使うアプリをすぐに起動したい！

「Siriからの提案」で利用頻度の高いアプリをウィジェットに追加

限られたスペースに多くの情報を表示したい

複数のウィジェットをローテーション表示して画面を効率良く使える！

よく使うファイルにすぐにアクセスしたい！

ファイルの使用履歴を常時表示できる「ファイル」ウィジェットが超便利！

使いやすいウィジェットを吟味して操作性を極めよう！

進化したウィジェットでアプリへのアクセスと情報入手の効率アップ

最新のiPadOS 14の変更点は多いが、「ウィジェット」も大きく変化した。これまでウィジェットは大きさが決められていて、ウィジェットの順番を入れ替える程度しか変更要素はなかったが、今回からは配置するウィジェットのサイズを選べるようになった。ウィジェットによっては1コマサイズ、2コマサイズ、4コマサイズを選択でき、コマの大きさによって表示される情報も変わる。1コマウィジェットを多く追加して、さまざまな情報を素早く確認するのも良いし、2コマウィジェットで情報量とウィジェット数のバランスを取るのもいい。ニュースをチェックするなら、4コマウィジェットの情報量の多さは魅力的だ。こうして、オーナーの用途

や趣向に合わせて柔軟にカスタマイズできるのがiPadOS 14のウィジェットだ。

カスタマイズが強化されただけでなく、新ウィジェットもいくつか追加されている。複数のウィジェットを登録してローテーションできる「スマートスタック」や、利用頻度の高いアプリを提示してくれる「Siriからの提案」は特に便利なので、ぜひ導入したい機能だ。これら高いカスタマイズ性と新ウィジェットを上手く使いこなせれば、これまで以上に情報や

アプリ、機能へのアクセス効率がアップするはずだ。まずはウィジェットの編集方法、そしてオススメのウィジェットをいくつか紹介していくので、参考にしつつカスタマイズしてみよう。

ウィジェットのサイズを変更可能。より柔軟にカスタマイズできるようになった

ウィジェットの種類・サイズを選んで追加する

1 スワイプしてウィジェットを表示

画面を右にスワイプするとウィジェットが表示される。初期状態のままでは使いづらいのでカスタマイズしていこう。

2 ホーム画面に常に表示する

画面を長押しして編集モードに入る。まずは「ホーム画面に固定」をオンにしてウィジェットを常時表示化しよう。

3 追加するウィジェットを選ぶ

前の画面の「+」ボタンをタップすると、ウィジェットを追加できる。追加したいウィジェットを選ぼう。

効率アップに繋がる便利なウィジェットをフル活用しよう!

ウィジェットのサイズが変更できるようになったのは大きな進化だが、同時に便利な新機能も多々登場している。前のページでも紹介したが、「スマートスタック」は要注目。1つのエリアに複数のウィジェットを重ねて登録でき、スワイプで切り替えたり、最適なウィジェットをローテーションで表示してくれる。スケジュールやニュース系のウィジェットを登録しておけば、情報のインプット、アウトプット効率が上がるはずだ。

多くのアプリを使い分けている人にオススメなのが「Siriからの提案」。利用頻度の高いアプリや、ロケーションに沿ったアプリが自動的に提案されるので、その時々で使いたいアプリをすぐに見つけて起動できる。この他にも効率的なウィジェットがあるので、ぜひ自分好みのウィジェット画面へとカスタマイズしていこう。

省スペースで情報を効率よく確認できる「スマートスタック」

複数のウィジェットをドラッグで登録でき、上下で切り替えられる

長押しして「スタックを編集」からローテーション内容を変更できる

複数のウィジェットを登録し、ローテーション表示できる「スマートスタック」は、スケジュールやメモなど、情報を留めておくのに便利だ。関連性の高い情報を自動で提示してくれるのも嬉しい。

よく使うアプリを自動で提示「Siriからの提案」

利用頻度に合わせたアプリが自動的に並ぶ(2行アプリ×3列追加)

ホーム画面の切り替えやアプリ探しが面倒なら「Siriからの提案」がオススメ。利用頻度の高いアプリや利用シーンに合ったアプリを提案してくれるので、ここをチェックすればすぐにアプリを起動できる。

操作を自動化した「Siriショートカット」を素早く実行

特定の操作を自動化できる「Siriショートカット」との相性もいい。事前にルーティン化できる作業のショートカットを作成して、そちらをウィジェットに登録しておこう。

事前に「ショートカット」から必要なショートカットを作成しておく

よく使う機能のショートカットを作成してウィジェットに登録しておくと便利

「ファイル」ウィジェットで最近開いたファイルに即アクセス

文書の作成などの操作が多いなら「ファイル」ウィジェットは必須。最近使ったファイルにワンタップでアクセスできるので、作業をすぐに再開できる。

タップしたファイルを該当するアプリで展開できる

｜ここがポイント｜

新ウィジェット対応外アプリは「カスタマイズ」から追加

ウィジェットのサイズが変更できるのは、iPadOS 14からの新機能。そのため、対応していないアプリも多い。しかし、対応外アプリウィジェットだとしても、ウィジェット画面最下段にある「カスタマイズ」から追加できるので覚えておこう。

「カスタマイズ」から旧ウィジェットを追加できる。サイズは変更できないが、順番の入れ替えは可能だ。

---

4 ウィジェットのサイズを指定する

ウィジェットのサイズを変更
ウィジェットを追加

ウィジェットによってはサイズが変更できる。左右スワイプでサイズを決めて「ウィジェットを追加」をタップする。

5 好みのウィジェットを追加する

利用頻度が高いウィジェットは「お気に入りウィジェット」領域内に配置しておくといい

ウィジェット領域に、自分が使いやすいウィジェットを追加していこう。下にスクロールして、多くのウィジェットを追加できる。

6 不要なウィジェットを削除する

「一」ボタンからウィジェットを削除できる(必要ならば再び追加できる)

不要なウィジェットが残っているとアクセス性が悪くなる。不要ならどんどん削除してしまおう。

効率化 IMPROVE

こんな用途に便利！

いつでもどこでも、ビデオミーティングができる
インターネットに接続できる環境があれば、すぐに始められる。

環境を問わず、ミーティングに参加できる
iPadだけでなく、さまざまなデバイス向けアプリが提供されている。

オンラインプレゼンもできる
ファイルやホワイトボードを共有して、参加者に見せることができる。

オンライン会議ツール「Zoom」を使いこなそう

テレワーク、オンライン飲み会に必須のアプリ

新型コロナウイルスによる緊急事態宣言が発出された状況で、大きく注目されたアプリの1つが「ZOOM」だ。多くの人々が外出自粛を余儀なくされる中でも、経済活動としての仕事や生活を完全に止めることはできないというジレンマの中で、ビデオミーティングができるZOOMは、オンライン会議ツールとしてだけでなく、iPadの画面を通じて仲間と対面しながら気楽に歓談するという、オンライン飲み会に代表される新たな文化を作ったといっても過言ではない。

ZOOMがここまで浸透した理由は、その手軽さだろう。また、iPadだけでなく各種スマートフォン、パソコンなど、幅広いデバイス向けに無料アプリが提供されているため、使っているデバイスを問わずに使える点も魅力だ。無料アカウントでは、3人以上のビデオミーティングに時間制限（30分）があるものの、1対1であれば無制限で使える。ビデオミーティングでは、自分の背景に映る自宅の様子や生活感が心理的障壁になることがあるが、ZOOMには画像を使って背景を隠すことができる「バーチャル背景」という機能が用意されているため、心配は無用だ。

作者／Zoom
価格／無料
カテゴリ／ビジネス

ZOOM Cloud Meetings

環境を問わず、複数人とオンラインで対面できる！

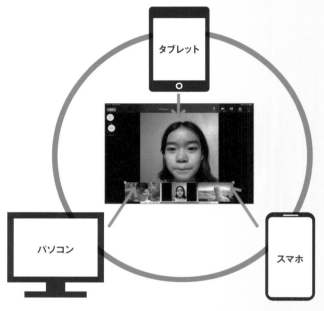

タブレット

パソコン

スマホ

ビデオミーティングでは、参加者のリアルタイムの映像を見ながら会話できる。自分の映像に抵抗がある場合は、音声のみの通話も可能だ。ZOOMのアプリはWindows、Mac、Android、iOSなど、さまざまなプラットフォーム向けに提供されているので、環境を問わず利用できる点もうれしいポイントだ。

ビデオミーティングを始めて、参加者を招待する

1 ホームページから開始する

「新規ミーティング」をタップ

ZOOMを起動すると最初に表示されるこの画面を、ホームページと呼ぶ。ここで「新規ミーティング」をタップする。

2 自分の映像を相手に見せるかどうかを選択する

「ミーティングの開始」をタップ

「ミーティングの開始」をタップすると、自分がホストとなってミーティングが開始される。「ビデオオン」のスイッチをオフにすると、音声通話のミーティングとなる。

3 オーディオに接続する

「インターネットを使用した通話」をタップ

iPadにマイク付きイヤフォンなどを接続している場合は、ここで本体のスピーカーを使うか、イヤフォンを使うかを選択できる。接続していない場合は、「インターネットを使用した通話」をタップする。

便利な共有機能で
オンラインプレゼンも
できる！

　ZOOMには共有機能が搭載されており、iPadやクラウドストレージに保存された写真や文書などを、ビデオミーティングの参加者に見せながら会話することができる。Google DriveやOneDrive、Dropbox、iCloud Driveなど、主要なクラウドストレージに対応しているので、見せたいファイルをいずれかに保存しておこう。共有するファイルを自分のiPad上で拡大、スクロールすれば、リアルタイムで相手の画面にも反映される。

　また、真っ白の画面に手書きで文字やイラストなどを書き込める、ホワイトボードも同様に共有できる。この機能ではホワイトボードを共有した人だけでなく、他の参加者も自由にホワイトボードに書き込むことができるので、共同でアイディアを出し合うときなどに使うといいだろう。

ファイルを共有する

ミーティングの画面で「共有」をタップし、ファイルが保存されているオンラインストレージをタップして、共有するファイルを選択する。

❶「共有」をタップ

❷目的のオンラインストレージをタップ

ホワイトボードを利用する

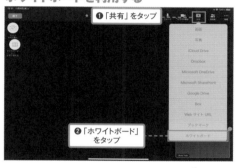

❶「共有」をタップ

❷「ホワイトボード」をタップ

ミーティングの画面で「共有」をタップし、「ホワイトボード」を選択する。

ファイルの内容を相手に見せられる

ファイルが開き、自分の画面だけでなく、参加者全員の画面に内容が表示される。画面下の編集ツールを使えば、共有した人、参加者それぞれがファイル上にテキストや図などを書き込める。

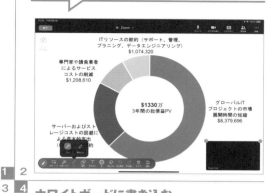

1　2
3　4

ホワイトボードに書き込む

自分の映像の代わりにホワイトボードが表示され、参加者と共有できる。画面下のパレットを使って、参加者全員がホワイトボード上にテキストや図、線を書き込める。

|ここがポイント|

部屋の様子を
隠したい！

　自宅からのビデオミーティング参加では、背景の自宅の様子が見られることに抵抗がある人も少なくない。そのような人は、ZOOMのバーチャル背景機能を使って、写真で背景を隠すといいだろう。ZOOMでは人物の動きを検出してくれるので、自分が動いても画像で背景を隠し続けてくれる。

ミーティングの画面で「詳細」→「バーチャル背景」とタップすると、背景を隠す画像を選択して設定できる。

---

4 参加者を招待する

❶「参加者」をタップ

❸招待方法をタップ

❷「招待」をタップ

ビデオミーティングの画面で、画面上の「参加者」をタップし、「招待」をタップする。招待の送信手段を選択し、ミーティングのリンクを相手に送ろう。

5 参加を許可する

「許可する」をタップ

招待を受けた相手がリンクをクリック（タップ）すると、ホストの画面にこのようなメッセージが表示されるので、「許可する」をタップすると、相手がミーティングに参加できるようになる。

6 ミーティングを
終了する

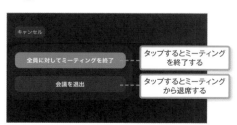

タップするとミーティングを終了する

タップするとミーティングから退席する

ミーティングの画面左上の「終了」をタップして、「全員に対してミーティングを終了」をタップすると、ミーティングを終了できる。自分だけ退席する場合は「会議を退出」をタップ。

効率化
IMPROVE

こんな用途に便利!

ツールや機能に素早く切り替え
登録した機能をワンボタンで呼び出して、作業効率アップ!

手元の最小限の動作でページ送り
メモアプリや電子書籍のページめくりにも対応できる

表計算アプリでの数字入力を素早く行う
テンキータイプの左手デバイスなら、会計業務でも活躍する

ドローイングやビジネスツールで実践!
左手デバイスはどんなアプリに便利なの?

iPadでも「左手デバイス」は利用できるのか?

PCやMacでの作業では、右手はマウスやペン、左手はキーボード、もしくは、ショートカットが割り当てられた「左手デバイス」を用意しているユーザーも多い。特にドローイングアプリを扱うクリエイターは、さまざまなショートカットを左手デバイスに割り当てている。ここでは、Bluetoothで接続できるワイヤレスのテンキーを左手デバイスとして、iPadのどんなアプリで利用できるのか? 快適になるのか? を検証してみた。

まず効果が大きかったのが、やはりドローイング系アプリだ。今回試した「CLIP STUDIO PAINT」は、iPadアプリながらPCのような詳細なインターフェースとメニューが用意されていて、キーボードショートカットの登録も可能。テンキーの各キーにさまざまなショートカットを登録できた。ペンから消しゴムの切り替えや、回転ツール、拡大縮小、やり直しなど、多用する機能をワンボタンで行なえる。割り当てられるボタン数が多く、片手で直感的に操作できるボタン配置なのも使いやすかった。もしiPad版「CLIP STUDIO PAINT」を使うのであれば、この組み合わせはかなりの効率アップにつながるはずだ。

作者／CELSYS,Inc.
価格／無料(アプリ内課金あり)
カテゴリ／エンターテインメント
CLIP STUDIO PAINT

左手デバイスとしてBluetoothテンキーを用意。アプリのショートカットを活用することで、作業効率アップを図ってみた。

●利用したデバイス●
iClever「IC-KP08」
購入価格:2199円(Amazon)

Bluetooth接続のワイヤレステンキー。PC/Mac/iPadなどさまざまな機器に対応している。

「CLIP STUDIO PAINT」へのショートカットキー割り当て

1 「ショートカットキー設定」を開く

CLIP STUDIO PAINTの画面で、上部ツールバーの左端のボタンから「ショートカットキー設定」をタップ。

2 設定する領域を選ぶ

タップして領域(機能)を選ぶ

「設定領域」をタップして、設定変更したい領域(機能)を選択しよう。ここでは「ツール」を選んだ。

3 ショートカットを編集する

操作を選択　タップ

割り当てたい操作をタップして選択し、「ショートカットを編集」をタップしよう。

ビジネスアプリで左手デバイス（テンキー）をチェック

その他のアプリでの効果は？日常的に使っているアプリで検証してみた

「CLIP STUDIO」と左手デバイス（Bluetoothのテンキー）は相性が良かったので、その他のアプリでも検証してみた。ノート系アプリでは、カーソルキー操作（NumLockを解除）で、ページ送りが行なえた。理想をいえばペンや消しゴムなど、ツール切り替えできるのがベストだったが、ペンを握る手を持ち変えることなくページをめくれるだけでも便利に感じた。指と手首をつかってスワイプするのと、ボタンを1つ押せばいいだけとでは、後者のほうが圧倒的に速いし楽だ。

しかし、アプリ側にショートカットのカスタマイズが用意されていないアプリがほどんどなので、「CLIP STUDIO」のように柔軟な割り当ては軒並み不可能だった。テンキーとして見れば、表計算での数字入力シーンで便利なものの、左手デバイスとして活用できるのはごく一部のアプリに限定されるようだ。

GoodNotes 5・Kindle・Keynote →ページ送り・戻しに対応

カーソルモード（NumLockオフ）左右キーでのページ送りが行なえる

GoodNotes 5

Kindle

Keynote

ノート系アプリや電子書籍系アプリはカーソルキーでのページ送りに対応しているため、テンキーのNumLockをオフにすると左右のキーでページ送り・戻し操作を行なえる。同様にKeynoteではスライドショーモード時にスライド送り・戻しが利用できた。

非対応アプリも多い（Adobe Frescoなど）

「CLIP STUDIO」と同じくドローイング系のアプリだが、「Adobe Fresco」ではショートカットキーの割当て機能がないため、左手デバイスとしては利用できなかった。すべてのドロー系アプリが対応しているわけではない点に注意しよう。

結論

一部のドローイングアプリで効率アップ！しかし対応アプリは少ないので要注意

ショートカットが設定できるアプリでは圧倒的な効率アップを得られるが、ビジネス用途となると、ショートカットキー対応アプリはごくごく一部になってくる。画面送りをボタン化できたりと、あると便利に感じるシーンはあるものの、多くの作業で効率アップに直結しないのが残念。現状では、作業に必須のデバイスとはならないかもしれない。

ハードウェアキーボードの設定では、修飾キーの割当変更ができるが、キーをアプリごとの操作に割り当てるなど、柔軟な設定は現状ではできない。

---

4 操作に使いたいテンキーを割り当てる

「0」キーを割り当て

タップ

割り当てたいテンキーのボタンを押すと、入力したキーが表示される（今回は0キー）。「OK」をタップして設定を保存しよう。

5 テンキーを押すとツールが切り替わる

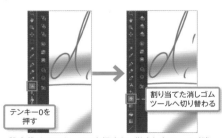

テンキー0を押す

割り当てた消しゴムツールへ切り替わる

設定後はテンキーの0を押すと、指定したツール（消しゴム）へと瞬時に切り替わるようになる。

6 左手のテンキーで作業効率アップ！

左手をテンキーに添えておけば、すぐに機能を変更でき、作業効率が大幅にアップする。よく使う操作を一通り登録しておこう。

こんな用途に便利！

自分の声、自分の言葉で考えを伝えたい
スライドごとに自分の声を簡単に録音できる

美しいスライドショーをサクサク作りたい
すっきりとした、わかりやすいインターフェースで誰でも迷うことなく作成できる

インスタ映えする動画を作りたい
正方形サイズの動画もワンタッチで作成できる

音声でスマートにメッセージを伝えられる「Adobe Spark Video」

ビジュアルと音声で訴求する美しいスライドがあっという間に！

今の気持ちや考えを、自分の言葉で伝えたい。でも人前で話すのは苦手で……。そんな人にぜひおすすめしたいのが「Adobe Spark Video」だ。Spark Videoはスライドショーを作成するためのアプリだが、一般的なプレゼンテーションアプリのような高度で難しい機能はなく、各スライドに写真や動画、アイコン、テキストなどを配置してレイアウトすることしかできない。その代わり、各スライ

ドごとに音声を録音して添付し、スライドの切り替わりと同時にそれが再生されるようになっている点が大きな特長となっている。もちろん、こうして作成したスライドをプレゼンに使ってもいいが、前述のように対面では伝えづらい現在の気持ちや考えを、スライドショーを通じて発信する、SNSに投稿して共感を集めるといった使い方でも効果を発揮するはずだ。

Spark Videoは徹底的にシンプルなアプリで、ほとんどの人が迷うことなく、音声の録音や、写真や動画、テキストのスライドへの配置などが行える。しかも、テーマに応じて自動的にアニメーション効果が付けられるので、プロが作ったような仕上がりになるはずだ。

作者／Adobe Inc.
価格／無料(アプリ内課金あり)
カテゴリ／仕事効率化

Adobe Spark Video

写真や動画、音声を使って印象的なスライドを作ろう

説明、解説したいこと

自分の思い、気持ち

スライドショーを作成するための最低限の機能がすっきりまとめられたSpark Videoのエディタ画面。画面下にはスライドが再生順に表示され、ドラッグで入れ替えることができる。写真や動画、録音した自分の声を使って、視覚と聴覚でシンプルに訴求するスライドショー作成に最適だ。

テンプレートからスライドを作成する

1 「+」をタップする

「+」をタップ

アプリ起動後に表示される画面で、「+」をタップする。すでに作成済みのスライドショーがある場合は、「マイビデオ」をタップして表示できる。

2 テンプレートから新規作成する

「ストーリーテンプレートを使用」をタップ

ここでは「ストーリーテンプレートを使用」をタップして新規作成する。ストーリーテンプレートはあらかじめテーマやレイアウト、アニメーション効果などが決められたスライドショーだ。

3 ストーリーテンプレートを選択する

❶使用するストーリーテンプレートを中央に表示して、

❷「これを選択」をタップ

目的のストーリーテンプレートを中央に表示して、「これを選択」をタップする。テンプレート下に表記されているのは、そのテンプレートの目的だ。

写真やBGMなどで
スライドを飾る

　Spark Videoで作成するスライドには、アイコンの他にも写真や動画、テキスト、BGMといったアイテムを配置することができる。基本的に1枚のスライドには1つのアイテムとなるが、ストーリーテンプレートや設定したレイアウトによっては、写真とテキストを組み合わせたり、2枚の写真、あるいは2つの動画を並べて配置することもできる。この辺りも一般的なプレゼンテーションアプリとの大きな違いで、1枚のスライドのアイテムの数を最低限にすることで、シンプルながら印象的なスライドに仕上げることができる。

　写真や動画はiPadで撮影したものから選択できるほか、アイコンと同様にキーワードを指定すれば、それに合致するオンライン配信されている写真や動画を検索して、それをスライドに配置することもできる。

写真や動画を配置する

スライド中央の「+」をタップして、画面右のウインドウで「写真」をタップし、目的の写真をタップすると、それがスライド上に配置される。キーワードで写真を探すこともできる。

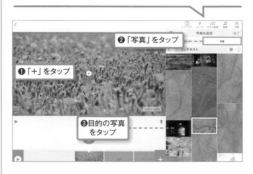

レイアウトやテーマを変更する

「レイアウト」ウインドウでは、スライドのレイアウトを変更し、複数の写真を配置したり、写真とテキストを組み合わせたりできる。「テーマ」ウインドウではテーマを変更でき、それに合わせてスライドショー全体のBGMやアニメーション効果も変わる。

BGMを変更する

画面上の「音楽」をタップすると表示されるウインドウで、BGMを変更することができる。プリセットのBGMの他、「iTunesから選択」をタップすればiPad内の音楽をBGMにすることもできる。

インスタ向けのスクエア型動画にする

「サイズ変更」ウインドウでは、スライドショー全体の表示サイズを、「ワイドスクリーン」と「正方形」のいずれかに切り替え可能。「正方形」はインスタグラムなどのSNSへの投稿に最適な表示サイズだ。

ここがポイント

スライドショーを
共有する

Spark Videoで作成したスライドショーを他の人に見せたい場合は、エディタ画面左下の再生ボタンをタップする。また、スライドショーをメールに添付したり、SNSに投稿したりすることもできる。いずれも「共有」をタップすると表示されるメニューから、共有方法を選択するだけでOKだ。

「共有」をタップして共有方法を選択する。書き出されるファイルはMPEG-4形式なので、さまざまな環境で再生可能だ。

---

4 エディタ画面が表示される

エディタ画面が表示され、スライドごとにテンプレートの目的に応じた作成のヒントが表示される。スライド中央の「+」をタップする。

5 アイコンを検索する

画面右にウインドウが表示されるので、「アイコン」をタップして、キーワードを入力すると、それに合致するアイコンが検索される。目的のアイコンをタップしてスライドに挿入する。

6 音声を録音する

スライドの下中央にある赤い録音ボタンを押し続けている間、音声を録音できる。同様の操作を繰り返して、他のスライドも作成しよう。

こんな
用途に
便利！

画面を見ずに内容を「聞いて」楽しむ
移動中や仕事中でも電子書籍やニュースをチェックできる

目に負担をかけずに長文をチェックする
目に負担をかけずにテキストをながら読み

重要な箇所だけを自動で読み上げる
読み上げアプリを使えば自動で重要な部分を読み上げてくれる

VoiceOverや読み上げコンテンツを使って作業を効率化する

iPadの読み上げ機能やアプリを活用すればiPadはさらに便利に！

iPadを始め、Apple製品に搭載されている「VoiceOver」は画面やテキスト、メニューなどを読み上げる機能。本来は視覚にハンデのある人に向けたサポート機能となるが、画面に表示されるテキストやニュース、電子書籍の読み上げ機能としても活躍する。例えば、ニュースサイトの記事を読み上げて、「ながら」でニュースチェックをしたり、電子書籍を読むにしても、長時間液晶を集中して見続けるのは疲れてしまうが、音声で読み上げて貰えれば負担も少ない。こちらも他の作業と並列して本の内容を頭に入れることもできるため、効率化の面でも便利な機能だ。ただし、機能を有効にすると、スワイプやタップ操作が独自のものに切り替わる。基本的にはタップして選択してからダブルタップで決定（アクティブ）という操作。画面をスクロールするには3本指でスワイプする必要がある。これらの操作は「VoiceOverの操作練習」というメニューでチェックできるので、確認しておくといい。

また、iPadOSから「読み上げコンテンツ」という機能が追加された。有効後、テキストを選択して表示されるメニューから「読み上げ」ボタンを選択するとその部分を読み上げてくれる。また「画面の読み上げ」機能を有効にするとコントローラーが表示され、このコントローラーで読み上げたい箇所を設定できる。

VoiceOverでニュースサイトや電子書籍のテキスト、写真の内容を読み上げる

読み上げコンテンツを使ってさらに効率化！

VoiceOverを有効にしてジェスチャーで操作する

1 VoiceOverを有効にする

「設定」→「アクセシビリティ」→「VoiceOver」とタップ。「VoiceOver」をオンにしよう。

オンにする。初回実行時は確認画面で「OK」を選ぶ

操作練習は必ず行なっておこう

2 VoiceOverの基本操作を覚える

タップで選択、ダブルタップで決定、2本指タップで読み上げの停止・再開、2本指ダブルタップで、アクションの開始や停止。タップの種類に応じた操作が解説される。

読み上げを

画面内で行なったジェスチャーの役割を教えてくれる

3 Webのニュース記事などを読み上げる

ニュースサイトの記事など、ブラウザで表示している記事の内容をタップすると、その箇所が音声で読み上げられる。

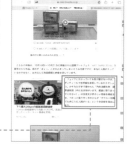

タップした文章が読み上げられる

いろんな読み上げアプリを使って効率化しよう

ウェブ上の記事をVoiceOverで読み上げてもらおうとすると、「続きを読む」や「次のページ」などさまざまな箇所をタップしないとならず面倒だ。そこで、読み上げアプリを併用しよう。「Vociepaper」はSafariで表示しているWeb記事を読み上げてくれるアプリ。本文に該当する部分だけを抽出してテキストに変換してくれる。VoiceOverのように何度も読みたい箇所を選択する必要はない。

またVociepaperは、自分で読み上げてほしいテキストを自由にコピペして読み上げることもできる。再生速度の調整、スリープタイマー設定、リピート設定なども利用できる。Twitterアプリにも対応している。

作者／Umemoto Non
価格／無料
カテゴリ／仕事効率化
Vociepaper

Vociepaperをインストール後、「Voicepaperで開く」をタップしよう。お気に入り項目に追加しておくと使いやすくなる。

Vociepaperを起動するとSafariで表示して、Voicepaperで取り込んだ記事名が表示されるのでタップする。

読み上げてほしいページをSafariで開き、共有ボタンをタップして「Voicepaper」をタップ、「保存する」を選択する

読み上げ画面が表示される。中央のボタンをタップして再生、一時停止ができる。右端のボタンでスピード変更、左端のボタンでスリープ設定ができる。

ここがポイント
その日の重要ニュースを読み上げてくれる

最新のニュース記事を自動で読み上げてほしいなら「朝日新聞アルキキ」を使おう。その日知っておくべき大事なニュースだけをピックアップして次々と読み上げてくれるラジオ感覚のアプリだ。

作者／株式会社朝日新聞社　価格／無料　カテゴリ／ニュース
朝日新聞アルキキ

起動したら中央の「聞く」をタップするとニュース内容を読み上げてくれる。「読む」から自分で記事を選択することもできる。

4 読み上げコンテンツを利用する

読み上げコンテンツを利用するには、「設定」→「アクセシビリティ」→「読み上げコンテンツ」で「選択項目の読み上げ」「画面の読み上げ」を有効にして、読み上げコントローラを有効にしよう。

5 コントローラーをタップする

iPadの画面左に読み上げコントローラーが表示される。読み上げてもらいたいページを開いたらボタンをタップする。

6 読み上げたい箇所をタップする

コントローラーメニューが開く。指ボタンをタップしたあと、画面上の読み上げてもらいたい箇所の最初の部分をタップしよう。その場所から読み上げてくれる。

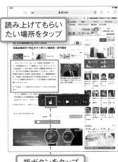

107

こんな用途に便利！

iPadでプログラミングできる
人気、注目のプログラミング言語Pythonが使える

アプリやゲームが作れる
iOS／iPadOS対応のライブラリを収録

プログラミングの勉強ができる
サンプルファイルやライブラリが豊富で、見ながら、書きながら勉強できる

iPadでもPythonを快適に扱える

多機能IDEの「Pythonista 3」がオススメ

「iPadが仕事で使える！」といっても、アプリやゲームなどを作るためのプログラミング環境としてはまだまだ…、などと言われていたのは過去の話。「Pythonista 3」を使えば、現在国内で最も注目されているプログラミング言語であるPythonで、コードを書いたり、そのコードをそのままプログラムとして実行したりできる。PythonはAIやビッグデータ分析などの分野で主に利用されているが、ほかのプログラミング言語に比べわかりやすく、日常的なタスクを簡単に自動化できるという点で人気を集めている。

Pythonista 3は、実際にプログラムのコードを書くためのエディタと、コードをプログラムとして実行するためのコンソール、コードを整理、保存するためのファイラーが一体化した本格的なIDE（統合型開発環境）アプリだ。iPadのSplit Viewにも対応しているので、ブラウザでコードを調べながら書くといった作業が可能なことはもちろん、サンプルコードも多数収録されており、Pythonでのプログラミングに慣れたユーザーだけでなく、Pythonを勉強したいというユーザーにもオススメだ。

作者／omz:software
価格／1,220円
カテゴリ／仕事効率化

Pythonista 3

Pythonista 3の画面

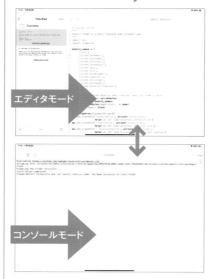

エディタモード

コンソールモード

Pythonista 3でコードを書くには、エディタモードを利用する。エディタモードではタブも利用可能なので、複数のコードを並行して書く際に便利だ。画面左端のドロワーは、ファイルブラウザの役割も担う。

エディタモードで書いたコードが、正しく動作するか確認するには、コンソールモードに切り替える。GUIを備えたプログラムの場合は、コンソールモードでもそのUIをプレビューできる。

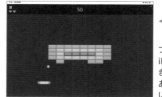

ゲームやアプリを作ることができる

プログラミングの知識さえあれば、iPadやiPhone上で動作するアプリやゲームが作成できる。iOS／iPadOS向けアプリの主要言語であるObjective-C対応ライブラリも収録されている。

モジュールを追加できるようにする

1 画面を左にフリックする

画面を左にフリック

Pythonista 3を起動するとエディタモードが表示されるので、まずは画面を右から左方向へフリックしてコンソールモードに切り替える。

2 コンソールが表示される

コマンドを入力

returnキーを押す

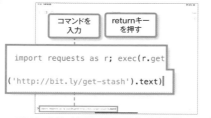

```
import requests as r; exec(r.get
('http://bit.ly/get-stash').text)
```

コンソールモードでは、画面下の「>」の右側にコマンドを入力する。図のように入力して、キーボードのreturnキーを押す。

3 Stashがインストールされる

このように表示され、Stashがインストールされる。StashはPythonista 3にモジュールを追加するためのユーティリティで、コンソールから利用できる。

Pythonista 3の便利な機能を使う

ほとんどのPC用のIDEのエディタモードには、コードの入力をアシストしてくれる、プログラミングに特化した機能が備わっている。Pythonista 3もそれは例外ではなく、コードの構造を色分けして分かりやすくしたり（カラーリング）、関数などの入力途中で続きのスペルを補完したりする機能が用意されている。カラーリングはテーマを切り替えることで変更できる。UIエディタでは、GUIを備えるプログラムのプレビューと構成パーツの微調整などが可能だ。

また、多彩なデバッグ機能も搭載されており、コードがPythonのプログラム記法から逸脱していないか、関数のスペルミスはないかなどを事前にチェックできる点も便利だ。さらにシェア機能を使えば、作成したプログラムファイルをPCをはじめとするほかのデバイスやクラウドなどに書き出すこともできる。

1 コードアシスト機能

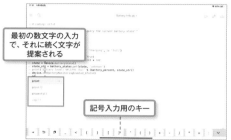

関数や変数などの入力時に、最初の数文字を入力するだけで、それに続く文字を自動提案してくれる。画面下のキーから、各種記号の入力も簡単にできる。

2 カラーリングとテーマ

コード内の関数や変数などを内容ごとに色分けするカラーリングは、設定画面からテーマを切り替えることで、配色を変更できる。

3 デバッグ機能

エディタモードでレンチ型のボタンをタップすると表示されるメニューから、スタイルチェックや解析、ユニットテストといったデバッグができる。Pythonのバージョン互換性チェックも可能。

4 UIエディタ

GUIを備えたプログラムファイル（拡張子が「.pyui」のもの）は、UIエディタモードで開く。ここでUIを実際にプレビューしながら、各要素のサイズ調整などが行える。

ここがポイント
Stashをホーム画面から起動する

Stashを起動するのに、毎回launch_stash.pyファイルを実行するのが煩わしい場合は、このファイルをホーム画面に登録しておくと便利。ホーム画面に登録するには、エディタモードでlaunch_stash.pyファイルを開いておき、レンチ型ボタンをタップすると表示されるメニューから「Shortcuts」→「Home Screen Icon」をタップする。

アイコンの色や名前を指定してホーム画面に追加できる。

---

4 Stashを起動する

Pythonista 3を再起動して、画面左のドロワーから「This iPad」をタップする。ドロワーはエディタモード左上のボタンをタップすると表示できる。

5 コードを表示する

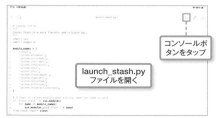

ドロワーに「launch_stash.py」というファイルが作成されているのでこれをタップすると、エディタでそのコードが表示される。そのまま画面右上のコンソールボタンをタップする。

6 Stashが利用できるようになる

このような画面が表示され、Stashが利用できるようになる。Stashを使ってモジュールを追加する場合などは、毎回手順4と5を繰り返してStashを起動する必要がある。

こんな
用途に
便 利！

iPadをPCの操作感で使える
マウスを使って画面タッチ不要で操作できる

多彩なマウスに対応
手持ちの無線マウス、有線マウスが使える

カスタマイズで使いやすくできる
操作感を改善するためのカスタマイズ項目が多数用意されている

iPadで マウスを活用する

PCにより近い 操作感を実現する マウスを使う

特にiPadを文書作成やプログラミングなどのビジネス用途に使っている場合、どうしてもPCやMacのような操作感を求めてしまうもの。外付けキーボードやSmart Keyboardなどを使っていると、ついついマウスに手を伸ばしてしまう、画面に直接触れる操作に違和感を抱くという人も多いのではないだろうか。そこでぜひ試してほしいのが、iPadでのマウス利用だ。

iPadOS 13以降であれば、iPadにマウスを接続して操作することができる。対応するのはBluetoothで接続するタイプの無線マウスと、USB端子が備わる有線マウスだ。いずれかのタイプであれば、特にパッケージに「iPad対応」などと記載されていなくても、ほとんどの場合利用できる。有線マウスを使う場合、iPadと接続するには別途USB-Lightning変換アダプタが必要になる（USB-Cポートを搭載するiPad Proの場合はUSB-A-USB-C変換アダプタ）。

マウスを使う際には、iPadの設定からAssistiveTouchを有効にする。こうすることで画面にポインタが表示され、マウスを動かすとそれに連動してポインタが動くようになる。

マウスでポインタを動かせる

マウスをつないでAssistive Touchを有効にすると、画面上にポインタが表示される。ポインタはPCなどと同様にマウスの動きに連動し、タップ代わりにクリックやダブルクリックもできる。また、各種機能を呼び出すボタンがまとめられたメニューも利用できる。

無線マウスが使える

Bluetoothによる無線通信に対応するマウスであれば、ほとんどの製品がiPadで利用可能。写真はiPadにマッチするスタイリッシュさで人気の「Satechi アルミニウム M1 Bluetooth ワイヤレス マウス」。

有線マウスも使える

USB-A端子を備える有線接続型のマウスも、iPadで利用できる。有線マウスを使う場合は、iPadのLightningポートやUSB-Cポートに接続するための変換アダプタも必要。Appleの純正アダプタも販売されている。

iPadでBluetoothマウスを使えるようにする

1 マウスをペアリング 状態にする

マウスの電源を入れて、ペアリング待機状態にする。操作方法は機種によって異なり、写真の製品の場合は背面のペアリングボタンをLEDが点滅するまで長押しする。

2 Bluetoothマウスを 接続する

iPadのBluetoothをオンにして、「設定」の「Bluetooth」の画面にマウスが表示されたら、それをタップする。

3 ペアリングする

Bluetoothデバイスを初めて接続する場合のみ、「ペアリング」をタップしてペアリングする。以降はマウスの電源を入れるだけで接続するようになる。

マウスを快適に使えるように設定する

iPadに接続したマウスの挙動は、PCやMacでマウスを使う場合と同様にカスタマイズできる。マウスホイールによるスクロール速度を変えたい場合は、「スクロールの速さ」という設定項目で調整すればいい。ポインタそのもののサイズを変更したり、色を変えたりすることもできるので、見やすいように設定を見直してみよう。

また、マウスの各ボタンに割り当てるコマンド（機能）も、必要に応じて変更できる。通常はマウスの左ボタンにクリック（タップ）やダブルクリック、右ボタンにメニューの展開が割り当てられているが、左利きの人は右ボタンにクリックの操作を割り当てておくと使いやすくなるはずだ。さらに、4つ以上の多ボタンマウスを使っている場合でも、4つ目以降のボタンそれぞれに、コマンドを割り当てることができる。

1 スクロールのスピードを変える

ドラッグしてスクロールのスピードを変える

「設定」→「アクセシビリティ」→「ポインタコントロール」とタップして、「スクロールの速さ」のスライダをドラッグすると、マウスホイールでのスクロール速度を変更できる。右ドラッグで速く、左ドラッグで遅くなる。

2 ポインタの表示を変更する

タップしてカラーを選択する

「設定」→「アクセシビリティ」→「ポインタコントロール」とタップし、「ポインタのサイズ」のスライダをドラッグするとポインタの大きさを、「カラー」をタップして目的の色を選ぶと、ポインタの縁取りの色を変更できる。

3 ボタンの機能割り当てを変える

機能を変えるボタンをタップ

割り当てる機能をタップ

「アクセシビリティ」→「タッチ」→「AssistiveTouch」→「デバイス」とタップして、接続中のマウスをタップすると、各ボタンに割り当てられた機能が表示される。目的のボタンをタップして割り当てを変更しよう。

4 多ボタンマウスのボタンに機能を割り当てる

「追加のボタンをカスタマイズ」をタップ

機能を割り当てるマウスのボタンを押す

割り当てる機能をタップ

多ボタンマウスの場合は、「追加のボタンをカスタマイズ」をタップし、機能を割り当てるマウスのボタンを押して、目的の機能を選択する。

ここがポイント

メニューもカスタマイズできる

AssistiveTouchの「メニュー」には、通知センターやSiri、ホーム画面にすばやく切り替えるためのボタンが配置されており、初期設定ではマウスの右ボタンに割り当てられている。このメニューに表示される項目もカスタマイズ可能だ。カスタマイズは、設定画面の「最上位メニューをカスタマイズ」から行う。

「アクセシビリティ」→「タッチ」→「AssistiveTouch」→「最上位メニューをカスタマイズ」とタップ、ボタンを追加する場合は「＋」をタップして、目的の項目を選択する。

---

4 アクセシビリティを表示する

「アクセシビリティ」をタップ

「タッチ」をタップ

「設定」のメニューから「アクセシビリティ」をタップして、「タッチ」をタップする。なお、手順1から3の操作は、有線マウスの場合必要はない。

5 「AssistiveTouch」をタップする

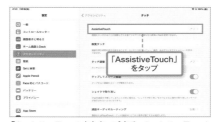

「AssistiveTouch」をタップ

「AssistiveTouch」をタップする。AssistiveTouchは本来、画面タッチが困難な人の操作をサポートするための機能となっている。

6 「AssistiveTouch」をオンにする

タップしてオンにする

「AssistiveTouch」のスイッチをタップしてオンにする。以降、iPadに有線／無線マウスをつなぐと、画面にポインタとメニューボタンが表示されるようになる。

こんな用途に便利！

無料でFAX送信ができる
1日1枚だけ無料で送信することが可能。

写真をFAX用データに変換して送信
カメラ撮影した書類をFAXで読みやすいデータにレタッチすることができる。

国内外に送信できる
世界50カ国にFAX送信ができる

無料でFaxを1日1枚ネット経由で送信できる！

1日1枚なら、無料でFaxを送信できるFax.de Fax-it!

　パソコン環境のない相手と図面をやりとりする際は、いまだにFAXを使うことがある。コンビニに行けば使えるものの、面倒だし利用料金は1枚50円(セブンイレブンの場合)と意外とかかる。1枚だけなら無料でFAX送信できる「Fax.de Fax-it!」を使おう。

　1日1枚だけ無料でFAX送信ができるアプリで、iPad内にある写真を選択するか、紙の書類をカメラで撮影してデータ化して送信できる。取り込んだカラー写真は、FAXデータ用に白黒コントラストを自動調整することもできる。送信するとアプリ画面にカウントダウンタイマーが表示される。この数字が0になるたびに新たに1枚無料で送信できる。なお、国内だけでなく世界50カ国のFAX番号に対応している。

作者／Fax.de GmbH
価格／無料
カテゴリ／ビジネス

Fax.de Fax-it!

---

iPadカメラで書類を撮影してFAX送信する

1 「Send Fax」をタップ

起動したら下部メニューから「Send」を開く。中央の「Send Fax」をタップする。

「Send Fax」をタップする

2 送信先とFax番号を入力する

送信先の名前を入力して、下でFAX番号を入力 。日本を選択していると「＋81」と記載されているが、その後に市外局番の「0」を除いた後ろのFAX番号を入力し、「Next」をタップ。連絡先にFaxが登録されていれば選ぶだけでOKだ。

送信先の名前を入力する

FAX番号が「01-2345-6789」なら「＋81」のうしろに「12345679」と入力

3 送信するファイルの種類を選択する

送信するファイルの種類を選択する。カメラで撮影して送信するなら、右上の「＋」をタップして表示されるメニューから「Camera」をタップ。テキストを入力して送ることや、iPad内のファイル、iCloud上のファイルの送信などが可能だ。

「＋」をタップ

「Camera」をタップ

4 書類をカメラで撮影する

カメラが起動するので書類をカメラ撮影しよう。対象物が書類の形をしていれば自動的に範囲を選んでくれる。そのあとでトリミングする範囲を指定して、右上の「Select」をタップする。

「Select」をタップ

5 「Send」をタップして送信する

送信するファイルが添付されたら右上の「Send」をタップしよう。FAXの送信が行われる。

タップ

6 送信状況を確認する

FAXがきちんと送信されているかどうかチェックしたい場合は下部メニューの「Activity」を開く。「Outbox」は送信中で「Sent」は送信完了を意味する。無事に送信できたかどうかは通知で知らせてくれる。

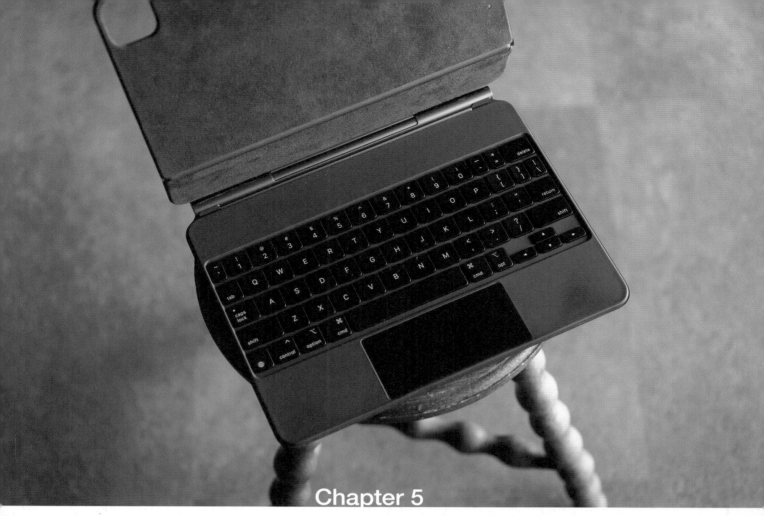

Chapter 5

管理

M A N A G E M E N T

こんな
用途に
便利！

多機能なファイラーアプリ
多彩な表示形式に圧縮・解凍機能も追加され実用性が高くなった

ほかのアプリやドライブにアクセスできる
Dropboxなどサードパーティ製アプリや外付けドライブ上のファイルも操作できる

書類をスキャンして保存
紙をiPadのカメラでスキャンしてPDF形式で直接保存できる

年々進化している「ファイル」アプリで iPad上のファイルを管理しよう

PCのファイラーアプリと同等に操作性が向上した「ファイル」

iPadにはiCloud Driveに保存したファイルを管理したり検索するアプリとして「ファイル」アプリが搭載されている。Windowsの「エクスプローラー」や、Macの「Finder」と同じ用途のアプリだが、機能が貧弱で操作性もいまいちだった。しかし、iPadOS 13以降「ファイル」アプリが劇的に改良され、使いやすくなった。

ファイル内容が視覚的に分かるアイコン表示やファイル名を一覧するリスト表示のほかに、フォルダ内のサブフォルダやファイルまで表示できる列（カラム）表示が追加された。

選択したファイルの操作性も格段に向上している。これまではファイルを操作するには、画面下に表示されるメニューから操作を選択する必要があったが、長押しメニューからコピー、移動、削除、共有などのさまざまな操作ができるようになった。

作者／Apple
標準アプリ

ファイル

---

1 「ファイル」アプリの表示形式を変更する

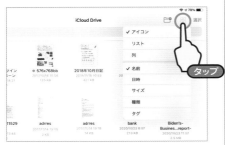

タップ

「ファイル」アプリの表示形式を変更するには、画面右上の列ボタンをタップする。メニューが表示される。名前、日時、サイズなどで並び替えることができる。

2 リスト表示形式でファイル名を一覧表示

「リスト」を
タップ

リスト表示にするとアイコンが小さくなりファイル名が一覧表示される。ファイル名から素早く目的のファイルを探したい人におすすめだ。

3 新しく追加されたカラム表示に変更する

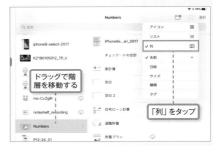

ドラッグで階層を移動する

「列」をタップ

列表示にするとフォルダ階層も表示されるようになる。構造がわかりやすくなるだけでなく、階層間をドラッグ操作で素早く移動できる。

長押しメニューからファイルを操作する

1 長押しメニューから操作を選択する

ファイルを長押しするとメニューが表示され、ここから各ファイル操作が行える。ファイルを移動する場合は「移動」をタップ。

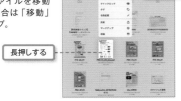

「移動」を
タップ

長押しする

2 移動先フォルダを指定する

フォルダ選択画面が表示されるので移動先フォルダを指定しよう。新規フォルダ作成ボタンから新たにフォルダを作成することもできる。

新規フォルダを作成する

移動先を
指定する

3 複数のファイルを指定してファイル操作する

複数のファイルを選択して一括して操作する場合は、これまでと同じく右上の「選択」をタップしてファイルを選択し、下に表示されるメニューから操作する必要がある。

「選択」を
タップ

ファイルにチェックを付ける

メニューから操作を選択する

新しくなったサイドバー画面で表示するドライブを切り替える

「ファイル」アプリはiCloud Drive内にあるファイルだけでなくDropboxやGoogleドライブなどサードパーティ製のアプリ内にあるファイルにアクセスすることもできる。

アクセスするには「ファイル」アプリ左上をタップしてサイドバーを表示させよう。画面左からサイドバーが現れ、アクセスしたい場所（ドライブ）をタップすることで切り替えることができる。標準ではサードパーティ製アプリ名は表示されていないが、編集メニューから追加することが可能だ。

また、サイドバーの「よく使う項目」にフォルダを登録しておけば、対象のフォルダがあるドライブを開かなくてもサイドバーから素早くアクセスできるようになる。いつも作業に利用するDropbox内の特定のフォルダなどを登録しておけばファイル操作が快適になるだろう。

画面下左上の部分をタップすると画面左からサイドバーが表示される。ほかのアプリにアクセスできるようにするには右上の「…」をタップ。

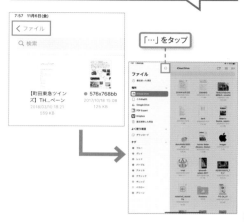

「…」をタップ

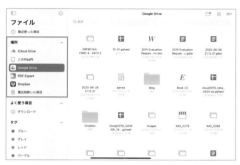

「場所」にスイッチで有効にしたアプリ名が追加され、タップするとそのアプリ内のファイルにアクセスできるようになる。

メニューが表示されたら「サイドバーを編集」をタップ。「ファイル」アプリからアクセス可能なアプリが表示されるので、アクセスしたいアプリのスイッチを有効にしよう。

「サイドバーを編集」をタップ

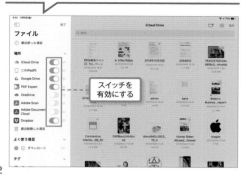

スイッチを有効にする

「よく使う項目」に登録される

よく使うフォルダは長押しメニューから「よく使う項目に追加」を選択して、「よく使う項目」に追加しよう。ブラウズから素早くアクセスできるようになる。

「よく使う項目に追加」をタップ

ここがポイント

タグを使ってファイルを分類する

「ファイル」アプリには「タグ」と呼ばれる分類機能がある。重要なファイルにはタグを付けておこう。ブラウズ上に表示されているタグ名をタップするとそのタグを付けたファイルだけを一覧表示してくれる。タグは標準ではレッド、イエロー、ブルーなどカラー名が設定されているが自由に変更することができる。また、新しくタグを作成することも可能だ。

ドラッグ＆ドロップ

ブラウズ上に表示されているタグにファイルをドラッグ＆ドロップすればタグを付けることができる。

---

4 選択したファイルを圧縮する

iPadOS 13から追加された圧縮機能を使ってみよう。「圧縮」をタップ。

❶ファイルを長押しする

❷「圧縮」をタップ

5 ZIP形式でファイルが圧縮される

画面を下へスクロールするとZIP形式の圧縮ファイルが作成されている。

圧縮ファイルが作成される

6 圧縮ファイルを解凍する

ファイルを解凍する場合は、圧縮ファイルを長押ししてメニューから「展開」をタップしよう。

「展開」をタップ

充電ポート経由で外部ドライブを読み込めるのが便利!

USBメモリやSDカードをiPadで読み込む

　iPadOSの「ファイル」アプリは操作性が向上しただけでなく、画期的な新機能も多数搭載されている。特に話題に上がっているのが、iPadにUSBメモリやSDカードなどの外付けストレージを接続してファイルを扱えるようになった点だ。

　iPad底部の充電ポート（USB-C、Lightning）に別売りの「USBカメラアダプタ」や「SDカードカメラリーダー外部ストレージ」を差し込むことで、USBメモリやSDカード内のファイルを「ファイル」アプリから読み込めるようになる。外部ストレージをうまく利用することでiPadのストレージ容量の不足を解消できる。また、iPadからPCやほかのデバイスへのファイル移動もスムーズに行えるようになる。

　なお、外部ストレージのフォーマットはAPFS、FAT、ExFATなどにしておく必要がある。

Lightning - SDカードカメラリーダー

価格:3,500円（税別）
デジタルカメラで撮影して保存したSDカードからiPadやiPhoneに簡単に写真やビデオを読み込める。JPEGやRAWの写真フォーマットのほかH.264やMPEG-4などSDとHDのビデオフォーマットもサポートしている。

USB-C - SDカードリーダー

価格:4,500円
Face IDタイプのiPad Proや最新Airのユーザーは、USB-C対応のSDカードリーダーを購入しよう。UHS-II SDカードに対応し、ほかのSDカードやアダプタとの下位互換性もある。

USB-C - USBアダプタ

価格:1,800円
標準的なUSBメモリやUSB形式の外付けハードディスクを読み込むにはUSBアダプタを購入しよう。自身のiPadの充電ポートがLightningポートかUSB-Cポートか間違えないように注意。

1 iPadでUSBメモリを読み込む

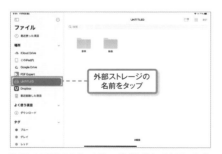

外部ストレージの名前をタップ

USBメモリやSDカードをアダプタ経由で充電口に接続すると、ブラウズ上に外部ストレージの名前が表示されるのでタップしよう。

2 ファイルを閲覧する

外付けドライブ内のファイルをタップするとそのままiPad上で閲覧できる。右上の共有メニューからファイルをほかのアプリへ移すこともできる。

3 読み込んだファイルをiPadにコピーする

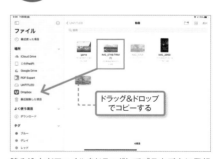

ドラッグ&ドロップでコピーする

読み込んだファイルをドラッグしてブラウズ上に登録しているフォルダやiCloud Driveにコピーすることもできる。逆にiPadから外部ドライブにファイルへコピーすることも可能だ。

ここがポイント

ダウンロードフォルダを使いこなそう

ブラウズ画面には新たに「ダウンロード」フォルダが追加されている。Safari上からダウンロードするファイルを保存するフォルダで、写真だけでなくテキスト、PDF、オフィスファイルなどあらゆるファイルをiPadに保存するときに利用できる便利なフォルダだ。Safari上でファイルをダウンロードするとツールバーにダウンロードボタンが表示される。このボタンをタップすると「ダウンロード」フォルダにアクセスできる。

タップするとダウンロードフォルダ内のファイルにアクセスできる

ドキュメントスキャナで書類を撮影して保存する

紙の書類をPDFにしてiCloud Driveに保存しよう

「ファイル」アプリではドキュメントスキャン機能が追加され、カメラ撮影した書類を自動でiCloud Driveに保存すること

ができる。撮影時は書類の4隅を認識して余計な部分をトリミングしてくれる。4隅の認識が正しくないときは手動でスキャンする範囲を調整することが可能だ。標準ではカラー形式で撮影されるが、グレイスケール、

白黒、写真などさまざまな撮影方法に変更することができる。書類の種類にあわせて変更しよう。

スキャンされた書類は、iCloud DriveにPDF形式で保存される。なお、撮影後にほかにも

スキャンする書類がある場合は、次の書類を用意して連続して撮影しよう。保存時に書類を1つに連結してPDF形式で保存してくれる。

1 「書類をスキャン」をタップ

サイドバーを表示させ右上の「…」をタップして「書類をスキャン」を選択しよう。

2 スキャンする範囲を指定する

ドキュメントスキャンが起動する。スキャンする範囲を自動、もしくは手動で設定してシャッターボタンをタップしよう。

3 4隅のマークを調節してスキャンを確定する

撮影後、4隅の丸いマークを手動で動かしてスキャンする範囲を調節しよう。調節が終わったら「スキャンを保持」をタップ。

4 ファイルが保存されている

「ファイル」アプリを起動してiCloud Driveを表示すると「スキャンした書類」という名称で保存されている。

ファイルサーバにアクセスする

SMBサーバやMacのネットワークドライブにアクセスする

「ファイル」アプリではファイルサーバにアクセスする機能が新しく追加された。NASなどのSMBサーバやMacのネット

ワークドライブと直接接続しファイル操作を行うことができる。接続設定はサイドバー右上の「…」をタップして「サーバへ接続」をタップし、サーバのドメイン名やIPアドレスを入力しよう。

サーバ接続設定画面でサーバアドレスを入力する。たとえば近くのMacに接続する場合は「smb://IPアドレス」と入力する。

接続に成功するとサイドバーにサーバ名やIPアドレス名が表示される。タップするとファイルにアクセスできる。

複数のファイルからPDFを作成する

ファイルを選択して長押しメニューから作成

「ファイル」アプリ上にある複数のファイルを選択して、1つに結合してPDFファイルを作成することができる。ファイルを複数選択して下部メニュー

の「その他」から「PDFを作成」を選択しよう。ただし、PDFを作成するには対象のファイルが画像形式かPDF形式である必要がある。

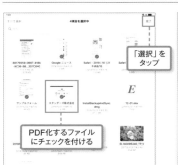

右上の「選択」をタップしてPDF化するファイルにチェックを付ける。チェックを付けた順番がページ順になる。

右下の「その他」から「PDFを作成」をタップするとPDFが作成される。

管理
MANAGEMENT

クラウドと同期フォルダを作成できる
Dropboxなどのクラウドに接続できるだけでなく、同期させて使うことができる

Dropboxの接続台数制限を回避できる
無料プランのDropboxは接続台数が制限されるがDocumentsならばカウントされない

標準ファイルアプリより多機能
ファイルアプリより便利に使える機能が多いのでぜひ試してみよう

ファイルアプリよりも多機能で便利な Documentsも併用しよう!

たたでさえ便利だったがPDF注釈機能まで無料開放された！

前のページで解説しているように、標準ファイルアプリはとても便利になったが、iPad使用歴がある程度長い人は、ファイル管理には「Documents」愛用者も多いのではないだろうか？ファイルアプリの躍進を見て「もうファイルアプリ1本に絞ったほうがいい？」と思われている方もいるかもしれないが、安心していただきたい。今でもDocumentsは超便利に使うことができる！

以前から本当に便利だった、Dropboxなどのクラウドとのフォルダ同期機能が使い続けられるのはもちろん（無料プランの台数制限を回避できるのは本当に凄い！）、Zip以外の圧縮形式ファイルの解凍や、FTP、Wi-Fi Transferでの便利な接続、写真フォルダへの直接アクセス、内蔵ブラウザでのダウンロードやWebページのPDF保存など、ファイルアプリより便利な点は非常にたくさん存在している。さらに最近ではPDFへの注釈機能（PDF Expertの機能の一部）まで無料開放されたのが驚きだ。

作者／Readdle Inc.
カテゴリ／仕事効率化

Documents

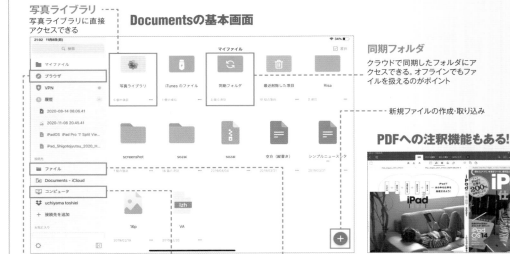

写真ライブラリ
写真ライブラリに直接アクセスできる

Documentsの基本画面

同期フォルダ
クラウドで同期したフォルダにアクセスできる。オフラインでもファイルを扱えるのがポイント

新規ファイルの作成・取り込み

PDFへの注釈機能もある！

PDFを開くと、PDF Expertとまったく同じ画面が開き、注釈などを行える。

ブラウザ
ブラウザを内蔵しており、ファイルのダウンロードやWebサイトのPDF化→保存などが可能

コンピュータ
Wi-Fi Transferで別のコンピュータに接続できる

ファイル
標準のファイルアプリにアクセスできる

Documentsの便利な使い方はこれ!

1 使いやすいファイル管理機能

ファイルの並べ替えはここから

ファイルアプリと同等の機能はほぼ備わっており、ファイルの並べ替え、移動、削除などは同じように行える。カラム表示だけがない点が悔やまれる。

2 写真ライブラリに直接アクセスできる

写真、ビデオにダイレクトにアクセスできる

サイドメニューの「マイファイル」からは直接、写真ライブラリにアクセスでき、写真ファイルを扱える。なぜ標準ファイルアプリにこれができないのか不明だ。

3 動画の再生がとっても快適に行える!

画面の右側をダブルタップで早送りができる（秒数は設定で細かく変更できる）

再生速度を変更する

動画の再生は、画面のダブルタップで早送り、巻き戻し（スキップ時間も変更可能）ができ、再生速度も変更可能だ。ピクチャインピクチャにも対応している。

もっとも便利な「同期フォルダ」機能を利用する

標準のファイルアプリも、Dropboxをはじめ各種クラウドに接続できるが、オンラインでしかアクセスできない。しかしDocumentsならフォルダを同期させることでオフラインでのアクセスも可能になる。つまり、自宅で必要なフォルダを同期させておいて、電車内でチェックやマークアップをして会社で修正を入れたファイルを再度同期させる……というようなことが可能になるのだ。

クラウドにアクセスして、必要なファイルをダウンロードして、修正を入れてから再度アップ……のような面倒なことがなくなるので、本当に便利だ。日常の作業をクラウド上で行っている人には、ぜひとも試して欲しい。

左側メニューの「+接続先の追加」をタップして接続したいクラウドを選ぼう。WebDAVやFTPにも接続可能だ。タップしたら、IDとパスワードを入力する。

クラウドに接続できたら、同期したいフォルダを開いて、右上の「同期」をタップして、次に「このフォルダを同期」をタップしよう。

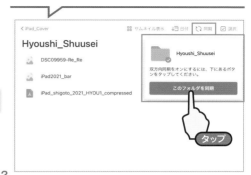

1 2
3 4

同期が完了すると「マイファイル」→「同期フォルダ」の中に、同期させたフォルダが現れる。このあとはオフラインでも作業をすることができる。

同期フォルダの中のファイルに、マークアップして同期させれば、元のフォルダも最新のファイルに更新される。PDFだけでなく、Jpgにもマークアップは可能だ。

ここがポイント

重いファイルを同期させたときは、一度接続を切る手もあり！

同期フォルダ内のファイルに変更を加えると、その都度Documentsはネットに接続してファイルを更新しようとするので、その影響で操作が重くなったり、一部の操作が受け付けられない場合がある。そのような場合は、最初に同期フォルダを作成後、オフラインにして作業し、作業が終わったらネットに接続して更新する方法も覚えておこう。

操作が重くなったら、接続が続いていないかチェックしよう。

---

4 さまざまなファイル形式に対応

Zip以外の圧縮ファイル、例えば「.rar」のファイルでもワンタップで解凍できる。音楽ファイルではFlacファイルも扱えて便利だ。

5 PDFの閲覧が快適！見開き表示もOK

PDF Expertが人気のReaddle社のアプリだけあって、PDFの閲覧性は高い。右上の表示設定から「2ページ」を選べば見開き表示も可能だ。

6 複数ファイルやフォルダをiPhoneに送信できる

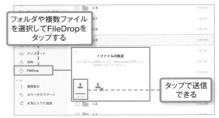

AirDropではできない、iPhoneへのフォルダ単位や種類の異なるファイルの複数送信もDocumentsのFileDropなら可能だ。iPhoneでもDocumentsを起動しておけばOKだ。

管理 MANAGEMENT

さまざまなメールサービスが管理できる
GmailだけでなくYahoo!メールやOutlookなどさまざまなメールアカウントを一元管理できる。

メールを効率よく処理
さまざまなスワイプ操作や返信機能が用意されており、効率的にメールを処理できる。

クイック返信で円滑なコミュニケーションができる
SNSで使うような「いいね」や顔文字を使って既読返信ができる。

iPadでGmailを使うなら「メール」や公式アプリよりも「Spark」を使おう

iPadで効率よくメールを処理できる機能が豊富

「Spark」は非常に多機能なことで人気の高いiOS用メールアプリ。Gmail、Yahoo!メール、iCloudメール、Outlookメール、Exchangeなど主要メールサービスのアカウントを複数登録して管理することができる。

特に優れているのがSpark独自の「スマート受信トレイ」機能だ。届いたメールを自動的に重要度別に判別して、「重要」「サービス通知」「メールマガジン」といったジャンルに分類し

てくれる。受信トレイを開いたときに届いたメールが重要なものなのか、ただの宣伝なのか、一目で分かる仕組みだ。Gmailと同じく学習機能を搭載しており、よく開いたり返信するメールは重要なメールと認識するようになり、受信したときにきちんと通知してくれる。検索機能も強力で検索欄に入力した言葉を入れれば、すぐに候補のメールを一覧表示してくれる。

また、さまざまなクラウドサービスやアプリとの連携性が高い。Googleドライブ、Dropboxなどの主要クラウドサービス上にあるファイルをメールに簡単に添付できる。逆に受け取った添付ファイルを各クラウドサービスに直接保存することもできる。

作者／Readdle Inc.
価格／無料
カテゴリ／仕事効率化

Spark

1 利用しているメールアドレスを登録する

Sparkをはじめて起動したら、利用しているメールアドレスを登録しよう。ここではGmailを登録して進めてみよう。

2 ②「アカウントを追加」をタップ
①設定ボタンをタップ

ほかのメールアカウントを追加するには、メイン画面で左下の設定ボタンをタップし、「メールアカウント」から「アカウントを追加」をタップ。

3 メールサービスをタップ
手動でメールサーバの設定をする場合はここから

追加するメールサービスを選択してアカウントの情報を入力しよう。会社や自宅のプロバイダのメールを追加する場合は「アカウントを手動で設定」から追加する。

4 チェックを入れる

メールアカウントの登録が完了したら、アカウントの詳細画面で「スマート」にチェックを入れる。これでスマート受信機能が有効になる。

Sparkで効率よくメールを処理しよう

1 スワイプ操作でメールを素早く処理①

左から右へスワイプする

メールを処理する際はスワイプ操作を利用しよう。左から右へ浅くスワイプすると「既読」深くスワイプすると「アーカイブ」へ移動できる。

2 スワイプ操作でメールを素早く処理②

右から左へスワイプする

右から左へ浅くスワイプすると「ピン留め」が表示される。深くスワイプすると「削除」が表示される。

3 スワイプ操作の変更

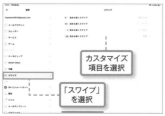

カスタマイズ項目を選択
「スワイプ」を選択

スワイプ操作を変更するには左下の設定ボタンをタップして「カスタマイズ」から「スワイプ」を選択。カスタマイズする項目を選択しよう。

ワンタップで返信できるクイック返信などユニークな機能を使いこなそう

Sparkはメールの送受信についても独特な機能がある。クイック返信機能が用意されており、ワンタップで「いいね」や「ありがとう」などあらかじめ設定されている一言返信メールを送信でき、これまでのように返信画面に切り替えて、テキストを入力して、送信ボタンをタップするといった長い手順を省略することができる。クイック返信のテキストは自分でカスタマイズすることもでき、絵文字を登録することも可能だ。最新バージョンではクイック返信使用時に自動挿入されていたReaddle社のロゴが削除され、より利用しやすくなっている。

また、「あとで送信」機能を使えば、送信時刻を指定して送信できる。期日の迫った用事を伝えたい場合、当日朝や前日に予約送信する使い方がおすすめだ。

受信メールを開き、右下のメニューボタンをタップし「クイック返信」をタップ。タップするとさまざまな種類のクイック返信が表示されるので選択しよう。

「編集」を選択し、「新規追加」をタップ。オリジナルのクイック返信を作成することができる。

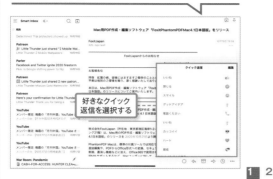

好きなクイック返信を選択する

返信用テキストを入力する

1 2
3 4

日時を指定する

予約送信するにはメール作成画面右上の予約送信ボタンをタップして、送信時刻を指定しよう。

メールにファイルを添付する場合は、メール作成画面左上のクリップアイコンをタップして、インポート先のクラウドサービスを選択しよう。

クラウドサービスを選択する

ここがポイント

共有リンクを作成してメールを公開する

Sparkの最新版では共有機能が追加され、指定したメールに対して共有リンクが作成できるようになった。SNSなどで不特定多数のユーザーに公開したいメールがある場合は共有リンクを作成し、そのURLを投稿記事に貼り付けるといいだろう。メール右下のメニューボタンをタップして「リンクを作成」をタップすればURLリンクを作成できる。

タップ

---

4 検索機能を使ってメールを検索する

受信トレイからメールを探す場合は検索機能を利用しよう。PDFファイルが添付されたファイルのみ探す場合は「pdf files」と入力すればPDFが添付されたメールだけをフィルタリングして表示できる。

5 ファイルを外部アプリに保存する

タップ

メールに添付されているファイルを保存するには、ファイルを開き左下にある保存ボタンをタップして保存先を指定しよう。

6 外部アプリと提携する

「サービス」をタップ

左下の設定ボタンをタップして表示される設定メニューから「サービス」→「サービス追加」でSparkと連携するアプリを追加できる。

こんな
用途に
便利！

予定を手書きで追加・管理する
紙の手帳のように好きな場所にペンやマーカーで予定を書き込める

用途ごとにスケジュールの表示を変更する
1日～月表示まで、さまざまな表示を切り替えて利用できる

大事なメモを直感的に管理・整理する
「リフィル」を活用すれば記入したメモをすぐに探し出せる

デジタルとアナログの
いいとこどりをしたカレンダーアプリ

どこにでも
自由に書き込める!
まるで紙の手帳のように

標準の「カレンダー」アプリでもスケジュールの追加・確認はできるが、その機能は豊富とはいえず、予定を追加したり、指定の時間になったら通知が届くといった、最低限のスケジューラー機能が備わっているだけだ。もっと柔軟に、自由度の高いスケジュール管理をしたいなら、「Planner for iPad」を導入してみよう。OS標準の予定と同期できるスケジューラーアプリとなり、「1日」「週」「週（レフト式）」「月」「年」「ノート」「リフィル」といったさまざまな表示方式から、自分の好みのページデザインに切り替えられる。
特徴的なのが、画面のどこにでもメモを書き込めるところだ。多くのスケジュールアプリは手書きできる領域が決められているが、このアプリでは紙の手帳のように、自分の好きな場所に自由にメモを書くことができる。さらに、リフィル（付箋）やマスキングテープ、スタンプなど、実際の手帳のようにさまざまなオブジェクトを自由に貼れるのも手帳ライク。デジタルとアナログのいいとこ取りをしたスケジュール帳アプリとなっている。なお、現状ではiPhone（別アプリ）からの閲覧は有料プラン加入者のみとなっている。

作者／Takeya Hikage
価格／無料（アプリ内課金あり）
カテゴリ／仕事効率化

Planner for iPad

さまざまな表示形式に切り替えられ、それぞれに手書きメモを書き込める。実際の手帳のように画面内のあらゆる場所に書けるのが便利!

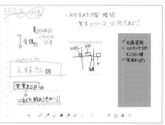

「Planner for iPad」でカレンダーを同期して手書きメモを書き込む

1 手帳を作成する

手帳の名前やカバーを変更できる

アプリを起動すると手帳が表示されるのでそちらを選択。設定ボタンから名前の変更やカバーの変更も可能だ。

2 標準のカレンダーと同期する

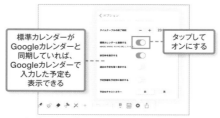

標準カレンダーがGoogleカレンダーと同期していれば、Googleカレンダーで入力した予定も表示できる

タップしてオンにする

設定ボタンから「カレンダー設定」をタップ。「標準カレンダーと連携する」をオンにしよう。

3 カレンダーの予定が読み込まれる

カレンダーアプリに追加した予定。タップしてスケジュールの確認は可能（編集は不可）

標準カレンダーの予定が読み込まれる。なお「Planner for iPad」では新たにスケジュールを追加することはできない。

効率的な情報の整理・検索性アップに「リフィル」を活用!

　複数の画面表示の、それぞれにメモを書き込めるのが利点だが、どの画面に書き込んだのか?を見失いがちになる。手書きメモとなるとキーワード検索などで探し出すのも難しい。こうしたトラブルを防ぐために便利なのが「リフィル」だ。

　リフィルは一般的な付箋タイプから、ToDoリストなど、いくつかのパターンが用意されていて、手帳に貼る付箋のように、ワンポイントメモとして利用したり、大事なメモの強調、タスク整理として活用できる。よくできているのが、リフィルだけを表示する画面があり、そこから条件に該当するリフィルを探し出せる点だ。この際、リフィルを選ぶと、リフィルが貼られている画面へとジャンプするので、リフィルに関連する大事なメモもすぐに確認できる。大事な情報や予定などはリフィルの種類を決めて、その上にメモしておく習慣を付けておこう。

1 リフィルを追加する

写真やマスキングテープを貼ることもできる

リフィルタイプの変更

「+」ボタンから「リフィル」を選ぶ

情報を整理するには、「+」ボタンから「リフィル」を追加していく。標準のリフィルは細いタイプと大きめの2種類があり、それぞれ色やパターンが用意されている。

2 リフィルを貼ってメモする

リフィル

リフィルを貼ってメモを書き込もう。リフィルは好きな場所に貼ることができ、自由にメモを記入できる。ピンチ操作でサイズ変更も可能だ。

3 リフィルから情報を探す

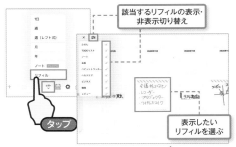

該当するリフィルの表示・非表示切り替え

タップ

表示したいリフィルを選ぶ

リフィルを探すには、表示メニューから「リフィル」を選択。リフィル一覧が表示されるので、表示したいリフィルをタップする。

4 リフィルを貼ったページが表示される

手順3で選んだリフィル

選んだリフィルが貼られたページが表示され、リフィルのメモ内容に関連する情報を探し出せる。

---

4 スケジュール表示の変更

表示の変更

表示形式は下部の表示切り替えボタンから変更できる。使いやすい表示を選ぼう。

5 ペンやスタンプでメモを書き込む

画面内のどこにでも描画できる

ペン・マーカー・スタンプ

ペンツールやマーカーツール、スタンプなどを使って画面にメモを書き込んでいく。紙の手帳と同じく、画面内のどこにでも描画できる。

6 書いたメモをカットツールで移動する

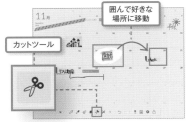

囲んで好きな場所に移動

カットツール

カットツールを使えば、囲んだメモを好きな場所に移動できる。リフィルの上に移動することも可能だ。

アプリ・インデックス

APP INDEX　　アプリ名から記事を検索しよう。

iPad
仕事術！

iPad仕事術!

iPad Working Style Book!!!!

2021

2019年12月5日発行

執筆
河本亮
小暮ひさのり
小原裕太

カバー・本文デザイン
ゴロー2000歳

本文デザイン・DTP
松澤由佳

撮影
鈴木文彦(snap!)

協力
Apple Japan
KUNYOTSU Studio

編集人:内山利栄
発行人:佐藤孔建

発行・発売所:スタンダーズ株式会社
〒160-0008 東京都新宿区四谷三栄町12-4
竹田ビル3F
営業部(TEL) 03-6380-6132
印刷所:株式会社シナノ

©standards 2020
Printed in Japan